파리

혁명과 예술의 도시

차례
Contents

프롤로그

빛의 도시, 사랑의 도시, 별 볼일 없이 그저 그런 형편없는 도시. 이 모든 수식어가 해당되는 도시가 바로 파리이다. 세계에서 가장 훌륭한 비스트로(bistrot)가[1] 옹기종기 모여 있는 작은 골목의 미로와 멋진 고급 의상실 '오트쿠튀르(haute-couture)'가 즐비한 넓은 산책로. 노틀담의 낡은 이무기 석상과 미래지향적인 최첨단 빌레트 공원(Parc de la Villette). 또 중세 밀레니엄 유적에서 두 번째로 맞는 새 밀레니엄에 이르기까지, 실로 유구한 역사를 자랑하는 파리는 도시 그 자체가 전통의 정박소인 동시에 끼가 넘치는 충동의 본고장이라고 할 수 있다. 우리는 옛 파리든, 새로운 파리든지 간에 단 일 주일 만에, 아니 30년이 걸려도 이 불가사의한 도시를 완전히 정복할 수는 없다.

식도락과 필름 누아르

새벽의 먼동이 틀 때, 마치 새근새근 잠든 요람 속 아기인 양 도시를 포근히 감싸고 있는 센 강의 자욱한 안개를 따라 파리 시가지를 산책해보기로 하자. 산책길에서 제일 먼저 만날 것은 '프랑스의 명물' 바게트(막대기 빵)! 솜털처럼 부드러운 속살에서 아직도 김이 모락거리는 따끈한 바게트를 사러 빵집에 한번 들러보자. 그리고 매일 아침 바게트나 크루아상(초승달 모양의 빵), 브리오시(고급 빵과자의 일종) 등과 함께 진한 에스프레소 커피나 카페오레(밀크 커피)의 향을 음미해보는 것은 어떨까? 점심에는 '자뎅 데 플랑트(Jardin des Plantes, 식물원)'에 가서 진귀한 동식물을 천천히 구경하면서 샌드위치와 푸른 사과를 껍질째 아삭아삭 씹어보는 것도 좋다. 에비앙 생수를 챙기는 것도 잊지 말자.

브리오시(고급 과자빵). 혁명전야에 빵을 달라고 아우성치는 굶주린 군중들에게 "빵이 없으면, 브리오시를 먹으면 되잖아!"라고 몰지각한 소리를 해서 마리 앙투아네트 왕비는 파리 시민들의 원성을 산 적이 있다.

비 내리는 오후에는 우아한 '살롱 드 테(Salons

de Thé: 찻집)'에
서 오렌지나 민트
향이 은은한 차를
마셔보자. 저녁에
는 피아노 바에서
위스키를 조금씩
마시거나, 프랑스
샹송가수 에디트

자뎅 데 플랑트의 정경.

피아프를 열정적으로 모창하는 무명가수의 노랫소리에 귀를
기울여보는 것도 좋다. 그 다음날에는 늦은 아침, 약간 이른
점심(아점)을 비스트로에서 한번 먹어보는 것은 어떨까? 파리
는 카페와 비스트로가 많기로 유명하다. 프랑스어 비스트로
(bistrot)는 원래 '빨리'를 의미하는 러시아어 'bystro'에서 유래
한 것이다. 1814년 러시아군이 파리를 점령하였을 당시 생겨
난 말이라 전해진다. 성미 급한 러시아 군인들은 파리의 카페
나 레스토랑에서 음식을 한시라도 빨리 먹고 싶은 마음에 '빨
리(bystro)'라고 크게 외쳤다. 비록 어원은 러시아적 기원을 지
니고 있지만, 작은 바를 의미하는 비스트로는 이제 전통적인
프랑스 간이식당이라고 할 수 있다. 프랑스 카페나 비스트로
의 특징은 카운터에 서서 음료를 마시거나 음식을 먹고, 신문
을 보는 것이다. 단골손님들은 대개 비스트로 주인(patron)의
얼굴을 잘 알고 있다. 주인과 손님들 사이에는 으레 대화가 오
고가며, 자질구레한 일상사에서부터 심오한 예술, 문학, 정치

카페 드 플로르.

에 이르기까지 매우 다양한 화제가 등장한다. 테라스에서는 하얀 셔츠와 검정 나비 넥타이를 맨 보이가 날렵하고 능숙한 동작으로 서비스를 한다. 오늘날 파리의 전통적인 비스트로는 급격하게 변모하고 있다. 특히 젊은이들의 발길이 뚝 끊어져, 문을 닫은 업소들도 적지 않다. 그렇더라도 많은 비스트로가 음악가와 예술가들을 초대하여 흥겨운 축제분위기로 여전히 손님들의 이목을 끌고 있다. 도심 변두리에 있는 작은 비스트로일지라도 질 좋은 와인과 나름대로 노하우가 있는 '오늘의 특선요리'를 준비하여 방문객을 실망시키는 법이 없다.

　예술가들은 카페를 찬미한다. 파리의 카페 명소로는 실존주의 작가 사르트르 덕분에 더욱 유명해진 '카페 드 플로르(Café de Flore)'와 '레 두 마고(les Deux Magots)'를 손꼽을 수가 있다. 작가들은 소설 속에, 화가들은 화폭 속에 저마다 풍요로운 매력과 개성이 넘치는 이 사색과 사교의 공간을 훌륭하게 묘사하였다. 식사를 마친 후, 대략 20~30분 정도 걸어서 '카페 드 플로르'에 당도하여 가지고 간 신문이나 책을 반나절 읽거나, 지나가는 행인들을 구경하는 것도 쏠쏠한 재미가 있다. 아니면 친구를 만나 장시간 이야기꽃을 피우는 것도 파리에서 누릴 수 있는 색다른 즐거움 중 하나이다.

문화도시 파리는 '영화천국'이라고 해도 손색이 없을 만큼, 유럽의 그 어떤 도시보다도 많은 영화관과 극장을 보유하고 있다. 그러므로 숙소로 귀가하기 전에, 프랑스 필름 누아르 (film noir) 한 편을 감상하는 것도 좋다. 필름 누아르란 주로 암흑가를 무대로 한 1950년대 할리우드 영화를 가리켜, 프랑스 비평가들이 붙인 명칭이다. 샹젤리제, 오데옹, 오페라, 몽파르나스 거리에 있는 영화관 앞에 줄 서 있는 관객들의 여유자적한 모습은 파리에서 흔히 볼 수 있는 낯익은 풍경이다.

사랑, 허식 그리고 혁명

파리의 혼은 2000년 역사 속에 깊이 뿌리박고 있다. 혁명, 정열 그리고 온갖 모순과 아름다운 허식에 가득 찬 파리의 진면목을 제대로 이해하려면 '과거 속으로의 여행'이 필수적이다. 그러나 파리 여행의 일정이 너무 빡빡하거나 역사에 별로 관심이 없다면, 그냥 '쇼핑의 메카'로서의 파리를 눈요기 삼아 즐겨도 좋다. 그러다가 일시적인 자본주의적 충동, 즉 과도한 쇼핑에 죄책감이라도 느끼게 되면 도처에 깔린 장엄한 성당과 교회

갈레리 라파예트 백화점. 세계적으로 유명한 갈레리 라파예트 백화점은 파리의 오스만 거리에 위치하고 있다.

를 방문하여 고해성사를 해도 좋다. 갈레리 라파예트(Galeries Lafayette) 백화점에서 너무 많은 시간을 소요했다면, 파리의 아름다운 뤽상부르(Luxembourg) 공원에서 잠시 휴식을 취하며 피로를 푸는 것도 좋을 것이다.

과거로의 여행 – 갈로로만 시대부터 현재까지

기원전 300년경 파리의 시테 섬에 '파리시(Parisii)'라는 파리 원주민이 최초로 정착하였다. 시테 섬은 침략자로부터 주민들을 보호해주었고, 유유히 흐르는 센 강의 젖줄은 깨끗한 식수, 물자수송과 무역편의를 제공하였다. 기원전 52년에 시저가 이끄는 로마군에 의해 점령된 파리는 그 후 300년 동안 로마인의 통치를 받았다. 그때 도시 이름은 '뤼테스(라틴어로는 뤼테시아)'. 그래서 지금도 파리에는 파리의 옛 이름 뤼테스를 딴 카페와 호텔들이 있다. 승리에 취해 의기충천했던 로마인들은 조잡한 골(프랑스인의 선조)의 양식 대신에, 질서정연하고 웅대한 로마식 건축물, 편리한 수로와 도로를 많이 건설하였다. 오늘날 소르본 대학 뒤편으로 시원하게 뻗어 있는 유서 깊은 '생 자크 거리'도 바로 그 무렵에 생겨난 것이다. 또한

몽마르트르 언덕 사크레 쾨르 성당.

현존하는 로마문명의 유적으로 현재 클뤼니 박물관이 된 공중
목욕탕, 뤼테스 원형투기장(파리 5구)을 들 수 있는데, 놀라울
만큼 잘 보존되어 있다.

　팍스 로마나의 영광에도 불구하고 기독교 전파와 북방 게
르만 민족의 이동은 로마의 이교정치(異敎政治)를 위협하였다.
파리의 첫 번째 주교 생 드니(St. Denis)가 머큐리 신상을 우상
숭배라 하여 파괴한 죄목으로 '머큐리 산(Mont Mercure)'에서
처형당하였다. 이 머큐리 산이 오늘날 사크레 쾨르(Sacré coeur)
성당이 우뚝 서 있는 몽마르트르(Monmartre) 언덕이다. 로마인
들이 파리를 기독교화하려는 생 드니를 참수한 다음 정말 기
적 같은 일이 발생하였다. 전설에 의하면 목이 잘린 생 드니는
자기 목을 옆에 끼고 북쪽으로 긴 도보행군을 한 다음 다시
쓰러졌다. 후세 사람들은 생 드니의 거룩한 순교를 기리는 차
원에서 바로 그 자리에 바실리크 사원을 하나 지었다. 이 생

생트 주느비에브
도서관.

드니 사원은 그 후 프랑스 국왕과 왕비의 시신이 영원한 휴식을 취하는 장소가 되었다.

450년경 훈족의 잔인한 호걸 아틸라가 침범하였을 당시 혼비백산한 파리 시민들은 모두 도망치기에 정신이 없었다. 그러나 그때 만족 출신의 생트 주느비에브가 돌연히 나타나 끝까지 도시를 사수할 것을 주장하였다. 결국 이 어린 소녀는 사람들을 설득하는 데 성공하였다. 신의 보호 때문인지 아틸라가 파리를 공략하지 않고 다른 곳으로 말머리를 돌리는 바람에, 파리 시민들은 거의 기적처럼 풍전등화에 처한 도시를 지킬 수가 있었다. 이러한 공로로 생트 주느비에브는 파리의 수호신이 되었다. 위의 그림은 프랑스의 유명한 시인이나 학자, 정치가 등 국가에 공적이 있는 위인들을 모시는 전당 '판테온 신전'의 바로 왼편에 위치한 생트 주느비에브 도서관이다. 판테온의 유명한 벽화「파리를 지키는 성녀 주느비에브」도 바로 그녀를 소재로 한 것이다.

476년에 로마제국이 멸망하고, 골(옛 프랑스) 지역은 프랑크 족의 지배를 받게 되었다. 메로빙거 왕조(481~751년)의 시조이며 로마의 정복자인 클로비스가 파리에 입성하여 프랑크 왕국의 수도를 파리로 정하였다(508년). 알라마니족을 정복한 직후에는 3,000명의 부하와 함께 랭스의 주교 레미기우스의 세례를 받아 로마 가톨릭으로 개종하였다. 그는 511년 파리에서 죽었는데, 사후에 왕국은 4개로 분할 상속되었다. 근 300년간 프랑크 왕국을 통치하던 메로빙거 왕조가 드디어 막을 내리고, 궁재 난쟁이 피핀의 아들 샤를마뉴 대제가 카로링거 왕조(751~987년)를 세웠다. 샤를마뉴 대제는 교황 레오 3세에 의해 기독교 왕국을 수호하는 신성로마제국의 황제라는 어마어마한 칭호를 수여받았다. 일설에 의하면 샤를마뉴 대제 자신은 '낫 놓고 기역자도 모르는' 일자무식의 문맹이었으나, '카로링거 르네상스' 시대를 열 만큼 학문과 예술을 적극 장려하였다. 그러나 유럽을 평정한 대제는 수도를 파리에서 독일 아아헨으로 이전하였다. 이제부터 진정한 파리의 역사가 시작되는 중세의 파리로 한번 가보자.

중세 시대의 파리

987년 위그 카페 왕조의 시대가 열리면서 파리는 이제 명실공히 프랑스의 수도가 되었다. 위그 카페(987~1328년) 치세 하에서 파리는 무역과 교육, 권력의 중심지로 확고부동한 자리

노틀담 사원.

매김을 하였다. 즉, 진정한 파리의 역사는 이 위그 카페 왕조와
더불어 시작된다. 위그 카페의 계승자들은 분산된 봉건 영토를
하나의 통일된 중앙집권국가로 다지기 위해 총력을 기울였다.
1163년에 노틀담 사원의 건축이 시작되었는데, 이 장엄한 고
딕 성당은 무려 170년의 세월을 거쳐 비로소 완공된다.

　카페 왕조의 가장 유명한 국왕은 바로 필립-오귀스트(Philippe-
Auguste, 1179~1223년) 왕이다. 그는 파리 영토를 확장하였고,
필립-오귀스트 성벽을 세워 튼튼한 방어진을 구축하였다. 12
세기에 필립-오귀스트 국왕은 외부침략으로부터 파리를 방어
하기 위해 튼튼한 루브르 요새를 지었다. 중세의 루브르 궁에
는 소탑과 사료관, 보물전이 있었고, 죄수를 가두는 감옥의 역
할도 하였다. 당시 루브르 궁의 실내에 대해서는 별로 알려진
바가 없다. 그러나 국왕이 거주하지 않았던 것으로 보아 최소
한의 인테리어 시설을 갖춘 군사적 전략요새였을 것으로 추측
된다. 그 당시 국왕은 모두 시테 궁에 기거하였다. 14세기 때

현대식 피라미드가 보이는 루브르 미술관 전경.

샤를르 5세는 루브르 궁 안에 자신의 방을 여러 개 지었다. 이 시기부터 루브르는 전략적 기능을 상실하게 되었고, 드디어 18세기 말에 오늘날과 같은 미술관이 되었다.

1215년에 파리 대학, 그리고 1253년에 소르본 대학이 설립된 이후로 파리는 크게 두 지역으로 구분된다. 즉, 센 강 우안의 상업지구와 센 강 좌안의 대학지구이다. 루이 9세, 즉 성왕 루이(1214~1270년)는 1245년에 시테 섬에 있는 노틀담 사원 바로 맞은편에, 생트 샤펠이란 성당을 지었다.

프랑스의 다른 도시들과 마찬가지로 파리 역시 14세기에 흑사병(1348~1349년)의 고통에 시달렸으며 또 백년전쟁(1337~1453년)의 진통을 앓게 된다. 위그 카페의 마지막 국왕인 샤를르 4세가 죽고 난 후, 야심 많은 영국 왕 에드워드 3세는 프랑스 왕위 계승권을 주장하였다. 부르고뉴 공은 적국인 영국과 손을 잡고, 조국 프랑스와 수도 파리에 대항하였다. 만일 오를레앙의 시골처녀 잔 다르크가 "프랑스를 구하라."는 신의 계시를 받고, 발로와 왕조의 시조인 샤를르 7세를 돕지 않았다

▲ 생트 샤펠 성당 전경.
생트 샤펠 성당 내부 전경. ▶

면 파리는 아마 영국 식민지가 되었을 것이다. 잔 다르크는 혁
혁한 무공을 세웠음에도 불구하고 2년 후 영국군의 포로가 되
어 마녀로 내몰려 화형에 처해졌다. 1437년에 샤를르 7세는
파리를 되찾았고 영국군을 칼레 지방으로 축출하는 데 성공하
였다. 그 후 발로와 왕조는 위그 카페 왕조의 유지를 이어, 국
력의 안정을 도모하고 중앙집권화를 계속 추구하였다.

르네상스기의 파리

이탈리아에서 시작된 르네상스는 16세기 파리의 문학, 예
술, 건축 발달의 도화선이 되었다. 1527년 프랑수아 1세는 건
축가 피에르 레스코에게 루브르 궁을 우아한 르네상스 양식으
로 다시 증축하도록 명하였다. 프랑수아 1세는 루브르 궁으로
왕궁을 이전하였으며, 르네상스의 거장 레오나르도 다빈치를
초빙하였다. 레오나르도 다빈치는 자신의 사후에 불후의 명작

「모나리자」를 프랑수아 1세에게 선사하였다.

　프랑수아 1세의 후계자인 미남자 앙리 2세 치세 하에서, 프랑스 르네상스 건축의 진수라고 할 수 있는 보주 광장에 우미한 저택들이 증축되었다. 그러나 1563년 앙리 2세가 마상시합을 하다가 그만 불의의 사고로 투르넬 궁의 광장에서 사망하였다. 비록 남편에게 소박을 맞았지만 진정으로 앙리 2세를 사모했던 부인 카트린 드 메디치는 그 악몽 같은 기억을 떨쳐버리기 위해서 저택을 모두 허물 것을 명하였다. 그리고 튈르리 궁과 퐁네프(Pont Neuf) 다리, 튈르리 정원의 공사가 하나둘씩 착수되었다.

　프랑스 신교도인 위그노교도와 가톨릭교도 간의 종교적 갈등이 증폭되어 마침내 종교전쟁이 발발하였다(1562~1598년). 앙리 2세의 사망 이후 카트린 드 메디치 여왕은 실질적인 프랑스의 실권자가 되었다. 열렬한 가톨릭 신자였던 그녀는 프

보주 광장.

랑스 신교도들을 가차없이 탄압하였다. 진보적인 할머니의 영향을 받아 신교도인 앙리 나바르(후일 앙리 4세)는 화친을 목적으로 카트린 드 메디치의 딸 마그리트 드 발르와(마고 여왕)와 결혼하는 데 동의하였다. 그러나 이 정략결혼은 일종의 함정이었다. 1572년 세기의 결혼식에 참석하기 위해 거

카트린 드 메디치 여왕. 정치적인 지략이 뛰어났던 그녀에 대한 평가는 매우 상반적이다. 권력을 쟁취하기 위해 자식까지 독살하는 냉혹한 어머니로 묘사되는 반면, 예술 애호가로도 명성이 높다. 튈르리 궁은 그녀의 고안이 크게 반영되었다고 전한다.

물급 신교도들이 파리에 모두 집결하였을 때, 카트린 드 메디치는 그 유명한 '성 바르텔레미의 학살'을 명하였다. 사나운 파리의 군중들이 광분하여 2,000명 가량의 위그노교도들을 단 하루 만에 거의 몰살시켜버렸다. 앙리 4세의 목숨과 안위는 일시적이고 반자의적인 가톨릭 개종을 통해 겨우 보존될 수 있었다. 앙리는 결국 부르봉 왕가의 시조로서 프랑스 왕위를 성공리에 계승하였다. 생 드니에서 대관식을 거행할 때 앙리 4세는 "파리는 미사의 가치가 있다(Paris vaut bien une messe)."란 유명한 어록을 남겼다. 여기에는 "(구교도의 아성) 파리는 얼마나 엉망진창인가!"라는 독설적인 의미도 담겨져 있었다. 원래 메스(messe)란 단어는 가톨릭 '미사'라는 뜻 외에도 '혼

란', '뒤죽박죽', '엉망진창'이라는 의미가 숨겨져 있다. 비록 카멜레온처럼 변신하여 가톨릭으로 개종하였지만, 앙리 4세의 마음은 여전히 위그노교도 쪽으로 기울어져 있었기 때문이다. 1598년에 드디어 앙리 4세는 거의 1세기 동안이나 지속되었던 종교분쟁을 잠재우기 위해, 신교도들에게 종교적 관용을 베푸는 '낭트 칙령'을 발포하였다.

17세기 고전주의 시대의 파리를 방문하기 전에, 「퐁네프의 연인들」이란 프랑스 영화 덕분에, 우리 한국독자들에게도 친근한 이름이 된 퐁네프 다리를 한번 산책해보기로 하자. '퐁네프(pont neuf)'란 원래 불어로 새로운 다리를 의미한다. 그런데 역설적으로 퐁네프는 파리에서 가장 오래된 다리 중 하나이다. 물론 퐁네프 다리가 신설될 당시에는 아마 도심에서 가장 멋있는 신식 다리였음은 틀림없다. 1578년 앙리 3세의 치세 하에 시작된 공사는 재정상의 문제와 종교전쟁, 또 다른 정치적 분쟁 때문에 지연되다가, 결국 앙리 4세 치세 하에 완공되었다. 또 앙리 4세의 사후에 그의 기마상이 설립되었다. 그것이 바로 일반인에게 공개된 파리 최초의 기마상이었다. 이 매력적인 기마상은 그 주인이 프랑스 국민의 인기를 독차지했던 것과 마찬가지로 오랫동안 사람들의 사랑을 받았고, '청동의 말'이라는 별칭으로도 불리어졌다. 그러나 앙리 4세의 기마상 역시 다른 왕가의 동상들의 운명과 마찬가지로, 혁명기간 중에 성난 폭도들에 의해 파괴되었다가 1818년에 이르러서야 복원되었다.

퐁네프 다리 위의 앙리 4세 기마상.

  '표제음악'이라는 새로운 극적인 관현악곡 스타일을 창시
한 프랑스 음악가 베를리오즈(1803~1869년)도 퐁네프 다리
근처의 거리에서 살았던 적이 있다. 그의 완고한 아버지가 재
정지원을 완전히 끊어버리는 바람에 졸지에 빈털터리가 된 그
는 시테 섬에 있는 어느 허름한 아파트 6층의 단칸방에 세 들
어 살았다. 그는 그때를 다음과 같이 추억하고 있다. "옛날처
럼 레스토랑에 가서 밥을 먹는 대신에, 나는 고행하는 수도자
의 식단처럼 빵, 건포도, 자두나 대추야자 따위의 열매로 허기
진 배를 채워야 했다. 그것은 겨우 7~8수(옛날 화폐단위) 정도
값어치의 식사였다. 화창한 날씨에는 이웃 식료품점에서 변변
치 않은 먹을 거리를 사들고, 퐁네프 다리를 찾아가곤 했다.
옛날 옛적에 마음씨 좋은 국왕 앙리 4세가 농부들에게 약속했
던 '일요일마다 먹었던 냄비 속의 구수한 닭요리(poule au pot)'
는 감히 생각도 못하고, 단지 기마상의 발치에 앉아서 검소한

19

식사를 하였다. 멀리 발레리앙 언덕에서 해가 지는 장엄한 모습을 물끄러미 응시하거나, 내 앞에서 계속 귓속말로 무어라 소곤대는 센 강의 도도한 물결을 바라보며, 토마스 모어의 훌륭한 시구를 떠올리며 마음껏 상상력의 나래를 폈다."

17세기의 파리

프랑스 절대왕권은 17세기에 그 절정에 달하였다. 부르봉 왕가의 시조 앙리 4세는 1610년 불시에 뛰어든 자객의 칼을 맞고 그만 비명횡사하였다. 섭정이 된 앙리 4세의 둘째부인 마리 드 메디치는 자신의 고향 이탈리아 토스카니를 연상케 하는 뤽상부르 궁을 짓도록 명하였다. 이 궁전은 1778년에 처음으로 일반인에게 공개되었다. 그러나 일반인이 공원을 자유

뤽상부르 공원.

로이 출입할 수 있게 된 것은 1820년경, 즉 미래의 루이 18세가 궁의 주인이 되면서부터였다. 음악회를 열 수 있는 아담한 정자와 건축가 가르니에(Garnier)가 만든 조마장, 또 숲 속에 마치 야외 전시장처럼 진열된 프랑스 문인 및 예술가들의 동상들은 모두 19세기의 빛

나는 유산들이다. 또한 메
디치 분수는 근처의 화사
한 꽃밭에서 발산하는 꽃
향기에 흠뻑 취한 낭만적
인 산책가와 연인들을 조
용히 반겨준다. 뤽상부르
공원은 파리에서 가장 이
상적인 일요산책 장소 중
하나라고 할 수 있다.

성장한 태양왕 루이 14세.

어린 나이에 왕위를 계
승한 루이 13세는 장성하
여, 모후 마리 드 메디치
와 국정을 어지럽히는 총
신들을 모조리 축출하고 정권을 장악하였다. 그는 냉철하고
능력 있는 리슐리외 추기경과 손잡고 왕권강화와 부국강병책
을 추진하였다. 루이 13세와 리슐리외 추기경은 1642년에 불
과 몇 달 차이로 추기경이 먼저 그리고 나중에 루이 13세가
각기 사망하였다.

루이 14세가 왕위에 등극하였을 때 그의 나이는 불과 5세
였다. 그의 모후 안느 도트리시와 추기경 마자랭이 국정을 주
도하였으나, 1661년 24세의 청년이 된 루이 14세는 드디어 혼
자서 통치하기로 결심하였다. 그의 치세는 "국가, 그것은 바로
짐이다!(L'Etat, c'est moi)"라는 말로 잘 요약된다. 루이 14세는

21

정부를 베르사유 궁으로 이전하였다. 이렇게 프랑스 왕가가 파리에서 멀어진 것은 후일 왕정을 전복시킨 프랑스 혁명의 불씨 중 하나가 되었다. 루이 14세는 베르사유 궁을 위대한 전시장으로 만들었다. 베르사유라는 초호화판 무대의 주인공, 즉 루이 14세 바로 그 자신이 가장 위대한 전시품이었다. 국왕의 총신들은 본인이 원하든 원하지 않든 간에 국왕 부처가 아침에 기상하고, 장시간 화려한 몸단장을 하고, 또 산해진미의 정찬을 먹는 모습을 직접 가까이서 관람할 수가 있었다. 또한 왕실의 생일잔치는 국가의 중요한 공식행사 중 하나였다. '하나의 국왕, 하나의 법, 그리고 하나의 신앙'이라는 명제 하에, 그 어떤 형태의 이견도 이론상 용납하지 않았다. 루이 14세는 장장 72년 동안 프랑스를 통치하였으며, 자신과 각별히 플라토닉한 애정을 나누던 메트농 부인의 간청에 의해, 낭트 칙령(종교관용령)을 폐지하였다. 또한 스페인 계승전쟁(1701~1713년)에 참여하여 국고를 거의 고갈시켰다. 한편 루이 14세는 반란의 미연방지책으로 귀족들을 모조리 베르사유 궁에 불러들여, 그들의 일거수 일투족을 감시하였다. 그래서 이렇게 길들여진 귀족들은 정치권력에서 소외된 채, 오직 왕의 은총에 기대어 베르사유 궁의 사치스런 열락에 몸을 맡기거나, 또는 과거에 대한 향수를 불러일으키는 우미한 살롱문화에 푹 빠져 거의 무위도식하며 지냈다. 루이 14세는 당대 최고의 조경 건축가 르노트르에게 베르사유 궁을 기점으로 해서 수도까지 시원하게 뻗은 '그랑 쿠르(Grands Cours)'란 명칭의 커다란

가로를 만들도록 명하였다. 이것이 오늘날 샹젤리제 거리이다.

루이 14세 시대에 방돔 광장이 지어졌으며, 또 그의 딸인 부르봉 공작부인은 부르봉 저택을 지었다. 이 부르봉 궁이 오늘날 프랑스 국회(하원)의 소재지다. 1715년 고령의 루이 14세가 사망한 후, 그의 증손인 겨우 두 살배기의 루이 15세가 즉위하였다.[2] 루이 14세의 과도한 사치는 프랑스를 빚더미에 앉게 하였으며, 그동안 태양왕의 위풍당당한 위세에 눌려 지내던 귀족들의 불만이 노골적으로 표면화되었다.

혁명기 파리

1774년 루이 16세가 왕위에 즉위하였을 때, 프랑스 재정은 도탄의 지경에 빠져 있었다. 농민들은 구제도에 상당한 불만을 토로하였고, 귀족들은 개혁을 시도하려는 국왕을 혐오해마지 않았다.

팔레 부르봉(현 프랑스 국회의사당).

테니스 코트의 서약. 다비드의 그림으로 더욱 유명하다.

1789년 진퇴양난에 빠진 루이 16세는 결국 재정위기를 해결하기 위해 마침내 삼부회를 소집하기에 이른다. 1614년 이래 단 한번도 소집된 적이 없었던 이 시대착오적인 삼부회는 귀족·성직자·평민의 대표단으로 이루어져 있었다. 그러나 각 신분계층의 이해관계가 저마다 상이했기 때문에 회의는 그만 결렬되었고, 제3신분계층(평민)의 대표들은 독자적인 '국민의회'를 선포하기에 이르렀다.

그러자 궁정은 일방적으로 회의장을 폐쇄시켜버렸다. 마침 내리는 부슬비에 함초롬하게 젖은 제3신분계층 대표들은 베르사유 궁의 테니스 구장으로 자리를 이동하여, 그 유명한 테니스 코트의 서약을 하였다.

국왕은 국민의회를 해산시키는 대신 군대를 보내어 위협하였으나 그들의 태도는 단호하기 이를 데 없었다. 이러한 소문은 금세 입에서 입으로 삽시간에 퍼져나갔다. 이제 혁명의 도화선은 빵 값의 폭등과 정국의 혼란으로 분노에 가득 찬 '상퀼로트'라 불리던 파리 하층민들의 손에 넘어갔다.[3]

7월 14일 파리의 민중들이 전제정치와 압제의 상징인 바스티유 감옥을 습격하자, 프랑스 도처에서 농민들이 봉기하여 영주들의 성을 공략하고 방화하였다. 문제의 자유주의 혁명이 발발한 역사적인 날, 즉 '7월 14일'은 현재 프랑스공화국의 가장 중요한 국경일로 지정되었다. 국민의회는 8월에 봉건제를 폐지하고, '자유·평등·우애'의 원리로 대표되는 '인권선언문'을 공포함으로써 혁명에 동참하였다.

1791년에 망연자실한 국왕이 국외탈출을 기도했다가 국경지대에서 그만 덜미를 잡히게 되었다. 그러는 사이 오스트리아와 프러시아를 위시한 대불연합군은 '민주주의'라는 몹쓸 전염병을 퇴치하기 위해, 모든 병력을 프랑스 주위에 집결시켰다. 그러나 애국심에 불탄 프랑스 혁명군은 기적적으로 적군을 물리쳤다. 바로 그때부터 독재자 로베스피에르와 그의 공안위원회가 이끄는 급진적 자코뱅당이 국정을 장악하여 국민공회를 주물

로베스피에르. 그의 인간성에 대해서는 극단적으로 정반대의 평가가 나와 있다. 냉혹한 '흡혈귀', 권세욕이 너무 강한 전제주의자란 평이 있는가 하면, 반대로 고상한 '성자' 또는 자기를 희생한 민주주의자란 평도 있다.

렀다. 즉, 대량학살로 잘 알려진 소위 '공포정' 시대의 막이 오른 것이다. 자코뱅당은 왕정을 폐지하고 루이 16세와 마리 앙트아네트 왕비를 차례대로 처형하였다. 아이러니컬하게도 조화와 일치, 융합을 의미하는 콩코드 광장에서, 1,300명 이상의 목숨이 단두대의 이슬로 사라졌다. 또한 공화국 선포와 더불어, 구제도의 유제 역시 과거의 역사 속으로 사라졌다.

혁명은 이제 가파른 물살을 타고 걷잡을 수 없는 혼란의 국면에 접어들었다. 보수적이고 완고한 가톨릭 교회는 혁명정부에 복종하지 않았다. 이를 보복하는 차원에서 전통적 가톨릭 신앙 대신에, 모순어법적인 '최고존재(이성)'의 숭배마저도 등장하였다. 반혁명분자에 대한 편집증은 일종의 집단광기를 일으켰다. 그래서 왕당주의자에게 조금만 동정어린 시선을 보여도 즉각 사형에 처해지는 경우도 있었다. 공포정치의 상징적 형구(形具) '기요틴'이라는 단두대를 발명한 의사 기요탱 역시 그의 발명품의 저주를 피해갈 수는 없었다. '피도 눈물도 없는 냉혈한' 로베스피에르 자신도 단두대의 이슬로 허망하게 사라질 때까지, 그의 정적들을 계속 단두대로 보냈다. 마침내 공포정이 막을 내리고 정권은 5인의 총재정부의 수중으로 넘어갔다.

나폴레옹과 제정

전쟁은 계속되었다. 코르시카의 야심 많은 청년 장군 나폴레옹은 이탈리아에서 오스트리아군을 격파하여 5월에 밀라노에 입성, 1797년 2월에는 만토바를 점령하는 전과를 올렸다. 10월 오스트리아와 캄포포르미오 조약을 체결하여, 이탈리아 각지에 프랑스 혁명의 이상을 도입한 인민공화국을 건설하였다. 그의 명성은 프랑스에서도 한층 높아졌다. 민중들 사이에서 가히 폭발적인 그의 인기를 두려워한 총재정부는 인디아에 있는 영국 식민지를 위협한다는 목적으로 나폴레옹을 이집트로 멀리 원정 보냈다. 비록 육전에서는 승리를 거두었으나, 그는 나일 전투에서 영국 함대에게 패배하고 말았다. 본국과의 연락이 끊기자 병든 군대를 카이로에 그냥 팽개쳐둔 채 나폴레옹은 혼자서 이집트를 탈출, 프랑스로 귀국하였다. 아직도 영문을 모르는 민중들의 열렬한 지지를 업고 그는 총재정부를 폐지하였으며, 3두정치의 제1인자인 제1통령이 되었다. 1802년에는 종신통령이 되었다가 1804년에 드디어 황제로 등극하였다. 그가 편찬한 『나폴레옹 법전』은 오늘날까지도 계속 남아 있는데, 아내에게 남편에 대한 복종을 요구하거나 노예제도를 부활시키는 등 매우 권위적이기 이를 데 없다.

파리는 나폴레옹의 정복사업과 국제적인 전리품의 엄청난 득을 보았다. 고대 이집트나 로마문명에 심취해 있었던 나폴레옹은 알렉산드리아나 이탈리아 등지에서 '죽어가는 검투사', '원반을 던지는 사람' 등 헤아릴 수 없이 많은 문화재들을 파리로 강제 이송시켰다.

나폴레옹은 두 개의 로마식 개선문을 짓도록 명하였다. 그중 카루젤 개선문은 베니스의 생 마르크 사원에서 훔쳐온 검투

죽어가는 검투사.

사 조각상으로 장식되었다. 또한 나폴레옹은 아우스터리츠, 예나, 퐁 데 자르(Pont des Arts) 등 센 강에 많은 다리를 신설하였다. 그는 네오 그리스·로마 양식의 마들렌 성당과, 원래 루이 14세의 명에 의해 시작된 루브르 궁의 정방형 안뜰(cour carée) 공사 또한 깔끔하게 마무리지었다.

　나폴레옹 시대의 엠파이어 스타일을 가장 잘 구현하고 있는 건축물은 아마도 '말메종(Malmaison) 성'일 것이다. 원래 '말메종(malmaison)'의 어원은 그 인근지역을 남김없이 약탈했던 노르만 침략자들의 소굴과 연관이 있다. 1244년 문헌에 '나쁜 저택'을 의미하는 이 말라 도뮈스(Mala domus)란 단어가 처음 등장하였다. 14세기부터 말메종이라는 명칭의 영주저택이 있었다. 1799년 4월 21일, 조제핀 보나파르트는 32만 5천 프랑에 이 저택을 사들였다. 이집트 원정에서 돌아온 나폴레옹이 이를 재확인하고, 명실공히 말메종 성의 주인이 되었다. 1800~1802년에 이 작은 성은 튈르리 궁과 더불어 프랑스 정부 소재

개선문의 야경.

지가 되었다.

　제1통령 나폴레옹의 장관들이 여기에 모여 자주 국무회의를 열었다. 1809년 조제핀과 이혼한 후 나폴레옹은 이 저택을 그녀에게 양도하였고, 조제핀은 이 저택에서 조용히 숨을 거두었다.

　첫 번째 황후 조제핀이 후사를 낳지 못하자 두 사람은 우호적인 합의 하에 이혼하였고, 나폴레옹은 오스트리아의 황녀 마리아 루이자와 재혼하였다. 그리고 나폴레옹 군대는 북쪽 모스크바까지 의기양양하게 진군하였다. 그러나 1812년, 사막처럼 황폐하게 버려진 모스크바를 점령한 나폴레옹 군대는 무서운 한파라는 예기치 않은 복병을 만나 부득이 철수하지 않을 수가 없었다.

　동토의 나라 러시아의 살인적인 추위는 프랑스 병사들을

무차별 공격, 출정 당시에는 70만의 대규모 병력이 겨우 20만 명만이 살아서 귀환할 수가 있었다. 전쟁에 지칠 대로 지친 국민들로부터 신망을 잃게 된 그는 귀국하자마자 곧 엘바 섬으로 추방되었다.

프랑스는 부르봉 왕가의 루이 18세가 귀환, 다시 왕정복고가 이루어졌다. 1815년 3월 26일, 호시탐탐 재기를 노리던 나폴레옹이 극적으로 엘바 섬을 탈출, 칸 항 가까이에 무사히 당도하였다. 그가 파리를 향해 기세 좋게 북상하자, 루이 18세는 '걸음아 날 살려라'하고 영국으로 도망쳤다. 그러나 나폴레옹의 이 '백일천하'라는 짧은 무용담은 워털루 전투에서 영국의 웰링턴 장군에게 대패하는 바람에 그만 물거품이 되었다.

이제 과거 프랑스 황제의 초라한 운명은 그를 세인트헬레나 섬으로 귀양 보낸 영국인의 자비에 달려 있었다. 1821년에 결국 세인트헬레나 섬에서 그는 외롭게 파란만장했던 생애를 마감하였다.

나폴레옹은 아직도 프랑스에서 인기 있는 영웅으로 대접을 받고 있다. 오늘날도 앵발리드 기념관(파리의 옛 상이군인 병원)에 있는 그의 관을 방문하는 관광객들이 줄을 서고 있다.

왕정복고와 또 다른 혁명들

초기에 복고왕정은 혁명이 일구어낸 업적들을 마지못해 승인하였으나, 점점 강경하고 보수적인 태도를 취했다. 특히 반동적인 샤를르 10세가 즉위, 언론을 탄압하고 선거권을 토지계급에게만 제한하자 이에 분노한 파리 시민들이 일제히 궐기하여 드디어 7월 혁명의 막이 올랐다.

2월 혁명 당시 파리 골목에 쳐진 바리케이드.

고령의 샤를르 10세 역시 그의 형 루이 16세처럼 강제로 퇴위를 당하였고, 온건한 부르주아 성향의 오를레앙 공 루이 필립의 입헌군주정이 성립되었다. '시민왕'이라는 별명을 지닌 그는 상징적인 제스처로, 혁명의 삼색기를 국기로 채택하였다.

이 7월 왕정 하에서 평화가 계속되고 주식회사가 마구 생겨나서 문자 그대로 부르주아의 청춘기를 구가하였으나, 프랑스의 공업화는 새로운 사회주의 사상을 수용하는 도시빈민층을 양산하였다. 국왕과 그의 부르주아 정부가 개혁(참정권 확장운동)을 거부하였을 때, 이미 혁명경험이 풍부한 파리 시민들은 이번에도 거리에 바리케이드를 쳤다.

결국 1848년 2월 혁명으로 7월 왕정이 무너지고, 제2공화정이 선포되어 프랑스 최초로 남성의 보통선거법이 제정되었다. 그런데 죽은 나폴레옹의 후광을 업고 그의 조카인 루이 나폴레옹이 '나폴레옹적 이념'의 대표자 및 사회질서·안정의 옹

호자로서 자신을 표명, 1848년 12월 대통령 선거에서 75%의 지지를 얻어 당선되는 이변이 생겼다. 이는 소농민의 지지, 대중들의 영웅주의에 대한 갈망, 또 우익급진주의에 대한 공포의 결과였다. 공화국의 헌법은 대통령의 재임을 금하였으나, 1851년 쿠데타로 그는 의회를 해산하고 공화파의 세력을 꺾었다. 그 해 말 국민투표로 신임을 얻고 이듬해 1월 헌법을 제정, 11월 쿠데타기념일에 스스로 나폴레옹 3세 황제임을 대외적으로 공포하였다.

이 나폴레옹 3세 치세 하에서 파리의 공업화, 급격한 도시 인구의 성장, 또 매우 심각한 환경오염과 빈곤문제가 발생하였다. 이러한 도시병리학적 현상은 발자크나 위고의 소설작품 속에 생생하게 잘 묘사되어 있다. 반면에 제2제정 하에서 과거 프랑스의 영광이 다시 복원되었다. 파리 시장 오스만 남작은 거리 데모의 온상이라고 할 수 있는 중세의 구불구불한 골목길을 모조리 허물었다. 그리고 비상시에 군대가 즉각 배치될 수 있는 넓은 신작로를 건설하는 등, 고색창연한 옛 도시 파리의 모습을 완전히 개조하였다.

제2제정기에 파리는 비로소 현재와 같은 모습으로 완전히 탈바꿈하게 된다. 이 획기적인 변화의 주인공은 바로 오스만 파리 시장이다. 19세기 철도의 발달에 발맞추어, 파리의 매 구역마다 교통소통을 원활하게 하는 커다란 대로들이 속속 신설되었다. 오래된 기념 시설물이 철거되거나 복원되었으며, 새로운 교회들이 잇따라 지어졌다. 또한 파리의 각 구역은 1875

오페라 극장.

년에 공사가 완공된 오페라 가극장을 중심으로 질서정연하게 재정비되었다. 치열한 경합 끝에 무명의 가르니에가 공사의 총책임을 맡게 되어, 장엄한 바로크식의 훌륭한 예술의 전당이 완성되었다. 파리는 이제 유럽에서 사치와 유행의 메카로 우뚝 서게 되었다.

그러나 이처럼 대대적인 파리 개조사업에도 불구하고, 나폴레옹 3세는 보불전쟁에서 패하여 몰락의 길을 걷게 된다. 그 당시 가장 분별력 있는 파리 시민조차도 라인 강 너머에서 불어닥친 폭풍의 전야를 미처 깨닫지 못하였다. 타고난 지략가인 독일의 철혈재상 비스마르크는 프랑스로 하여금 먼저 전쟁을 선포하도록 교묘하게 유도한 다음, 프랑스 국경지대를 파죽지세의 기세로 몰아쳤다. 황제는 이미 체포되었고, 그 북새통에 제3공화정이 선포되었다. 프랑스 정부가 공식적으로 패배를 시인하고, 아돌프 티에르가 이끄는 보수적인 정부가 들어섰음에도 불구하고, 파리의 성난 군중들은 1871년에 독자적인 파리코뮌(자치정부)을 선언하였다.[4] 그들은 죽기를 각오하고 거리에 바리케이드를 쳤으며, 대략 4개월 동안 파리를 사수하였다.

프랑스의 정예군대가 파리를 재탈환하기 위해 파견되었다. 파리코뮌의 가담자들은 그들의 마지막 거점인 페르 라셰즈 묘지로 총퇴각하기 전에 파리 시 청사(Hôtel de Ville), 팔레 로와이얄, 카트린 드 메디치 여왕의 튈르리 궁을 방화하였다. 독일군과 결탁한 정부군에 의해 사방으로 포위된 파리는 이때 외부로부터 물자공급이 완전 차단되었다. 이에 굶주린 파리 시민들은 동물원을 습격하여, 악어나 코끼리 등 이국적인 동물들을 모조리 잡아먹었다.

파리코뮌의 토벌작업은 신속하고 처참하기 이를 데 없었다. 2만여 명의 파리 시민과 노동자들이 동국인의 손에 의해, 불

불타는 튈르리 궁전.

과 일 주일 만에 2만 명이나 살해당하였다. 1871년 5월 21일 마지막 코뮌대원들이 페르 라셰즈 묘지의 차가운 벽을 뒤로한 채 총살되었다. 이 코뮌의 패배로 인해 지방에 대한 파리의 힘이 약화되었고, 파리 노동자들의 세력도 한풀 꺾였다. 결국 이러한 우여곡절 끝에 제2제정(1852~1870)이 종지부를 찍고 제3공화정이 출범되었다.

아름다운 시절 '벨에포크(Belle Epoque)'

근 80년 동안 혁명과 폭력, 정치적인 격동기를 치른 후에 평화와 번영을 구가하던 1890~1914년에 이르는 기간을 아름다운 시절 '벨에포크'라 칭한다. 인상주의 화가들의 선명한 색채, 마르셀 푸르스트의 소설, 1889년·1990년의 세계박람회, 파리의 에펠탑, 알렉상드르 3세의 다리, 그랑·프티 팔레 궁, 첫 번째 지하철 노선의 개통……. 이 모든 것이 벨에포크의 낙천적인 분위기와 힘찬 시대적 에너지를 잘 반영해주고 있다. 한편 공업화의 진전에 따라 제3공화국은 새로운 사회문제를 떠안게 되었다. 비록 정부개혁이 사회복지제도의 근간을 이루기는 했어도, 노사간의 갈등이 점점 증폭되었다.

불명예스럽게도 패전의 산물로 탄생한 제3공화국은 '드레퓌스 사건'에 의해 좀 더 치명적인 타격을 받게 된다. 유대인 육군장교 드레퓌스는 1894년 반역죄라는 억울한 누명을 쓰고 군적을 박탈당한 채 무기유형에 처해졌다. 그러나 그 뒤, 그의

『오로르』지의 에밀 졸라에 의한 공개문 '나는 고발한다'.

무죄를 증명하는 유리한 증거가 발견되어 「오로르」지의 에밀 졸라에 의한 공개문 '나는 고발한다'를 비롯하여, 재심요구 운동이 활발해졌다. 반(反)유대주의 국가주의자들도 반격의 논설을 펴서, 사건은 정치투쟁으로 전환되었다. 그리하여 프랑스는 드레퓌스의 석방을 요구하는 드레퓌스 지지파와 증거와는 상관없이 드레퓌스를 '애국심 없는 반역자'로 몰아세우는 안티 드레퓌스파로 크게 양극화되었다. 1906년 드레퓌스의 무죄가 최고재판소에 의하여 확정되어 사건은 종결되었으나, 프랑스군은 끝내 이를 인정하지 않았다. 이처럼 인종주의로 팽배한 긴장감은 후일 프랑스가 당면하게 될 식민지 영토 내에서의 인종분쟁을 미리 예고하는 것이었다.[5] 또한 아름다운 시절, 좋았던 그 시절의 벨에포크는 사라예보의 애매한 총성에 의해 그만 허무하게 끝나버렸다.

전후 파리

제1차세계대전이 종결되고 난 직후 파리 시민들은 해방감에 넘쳐 영국인, 캐나다인, 그리고 미국인 병사들과 더불어 거리에서 덩실덩실 춤을 추었다. 그 무렵 장 콕도, 피카소, 샤갈 등이 활약하였으며, 스타인, 헤밍웨이, 에즈라 파운드, 스코트 피츠제럴드 같은 외국작가들이 파리의 카페와 살롱을 뻔질나게 드나들었다. 그러나 들뜬 축제분위기는 1930년의 대공황과 더불어 대단원의 막을 내리게 되었다. 이러한 경제불황은 극우적인 파시스트 경향의 데모로 인해 더욱 악화되었다. 수천명의 파리 시민들이 콩코드 광장을 행군, 국민의회를 습격하는 사건이 발생하였다. 공산당과 사회당은 이러한 파시스트와 맞서 싸우기 위해, 레온 블룸이 이끄는 국민전선의 기치 아래 서로 손을 잡았다. 그러나 레온 블룸이 스페인 내란에서 파시스트 프랑코 장군과 맞서 싸우는 스페인 공화주의자들을 지원하지 않는다는 결정을 내리자, 인민전선은 결렬되고 말았다.

좌파와 우파의 첨예화된 대립 때문에 프랑스는 히틀러의 급부상과 침략정치에 기민하게 대처하는 데 실패하고 말았다. 1940년 6월 13일, 나치군은 오스트리아, 체코, 폴란드, 노르웨이, 덴마크, 룩셈부르크, 벨기에와 네덜란드를 거쳐 파리에 당당히 입성하였다. 루브르 미술관의 관리자들은 나치 점령이 불가피함을 깨닫고, 모나리자를 위시한 많은 예술 소장품들을 은밀한 장소에 대피시켰다. 개선문을 통해 샹젤리제 거리를

파리에 입성하는 히틀러.

행진하는 나치군의 위풍당당한 모습을 본 파리 시민들은 강한 충격을 받았다. 프랑스는 독일과 휴전을 맺고 프랑스 북부를 나치에게 양도하였으며, 비시에 친(親)나치정권을 수립하였다. 1942~1944년 동안 페탱 원수가 이끄는 비시정권은 12만 명 이상의 프랑스와 외국 유대인들을 나치수용소로 보냈다. 당시 프랑스는 게슈타포(비밀 국가 경찰)를 돕는 반유대주의공범자(collabos)들로 넘쳐났다. 최근 프랑스 정부와 로마가톨릭교회는 유대인의 강제수용에 대하여 어느 정도 책임이 있음을 시인하였으나, 이 문제는 아직도 쟁점으로 남아 있다. 달콤한 휴식과 유흥을 취하기 위해 사교의 도시 파리에 몰려든 나치 장교와 병사들을 위해 극장, 영화관, 뮤직홀, 카페는 문을 닫지 않고 계속 영업을 하였다. 많은 레스토랑과 연예인들이 나치 고객을 위해 봉사하고 노래를 불렀다. 물랭 루즈, 막심 레스토랑, 샹송가수 이브 몽탕, 모리스 슈발리에, 에디트 피아프가 대표적인 케이스다. 이들은 전후에 비난을 면치 못하였으며, 나치군을 애인으로 두었던 여자들은 머리를 삭발 당한 채, 군중들이 침을 뱉고 야유하는 가운데 거리를 강행군해야만 했다.

런던에서 샤를르 드골 장군은 '프랑스자유위원회'를 설립하고, 영국 BBC방송을 통해 계속 대독항전을 주장하는 강렬한 희망의 메시지를 프랑스 전 국민에게 전달하였다. 1944년 6월 6일, 드디어 영국·미국·캐나다 연합군이 노르망디에 상륙하는 데 성공하였다. 8월 25일, 4년 만의 암울한 나치 점

물랭 루즈.

령 끝에 드디어 파리는 해방되었다. 해방의 기쁨에 도취된 파리 시민과 저항군들은 또다시 미국인, 캐나디안, 영국인 군인들과 함께 어울려 술을 마시고 밤새도록 춤을 추었다. 전쟁영웅 드골 장군은 노틀담 성당에서 파리 해방을 감사드리는 장엄한 미사를 지냈다. 그리고 샹젤리제 거리의 가두시위에서 수천 명의 파리 시민들의 열렬한 환호성과 갈채를 받았다. 전후 프랑스의 용감한 전사들에게 헌사하는 기념박물관도 건립되었다. 또한 수천 명의 프랑스 유대인들이 다시 귀환하였다. 프랑스 정부는 제4공화국의 헌법을 새로 기초하였고, 1946년에 프랑스 여성들은 참정권을 획득하였다. 1958년 알제리의 쿠데타로 인해 제4공화정이 붕괴될 위기에 몰리자 잠시 정계를 떠났던 드골 장군이 복귀하였고, 제5공화국이 희망찬 새

출범을 하였다.

오늘날의 파리

드골의 외교정책은 성공을 거두었으나, 그의 보수주의는 여러 가지 국내문제를 야기했다. 1968년 5월 대학제도에 대한 반발로 시작된 학생운동은 전면적인 반란으로 확산되었고, 사회개혁을 지지하는 노동자들 역시 파업투쟁을 벌였다. 인종주의, 남녀차등, 자본주의, 낙후된 커리큘럼, 학생정원감축 등에 반발한 대학생들은 소르본 대학을 점거하여 농성에 들어갔다. 라틴지구에 바리케이드를 친 학생들은 경찰과 대치한 상태에서 돌을 던지며 마구 야유를 퍼부었다. 학생들은 '돌 아래 해변'이라는 상징적인 슬로건을 내세웠는데, 여기서 해변이란 마치 돌처럼 경직된 프랑스 관료주의체제 하에 놓인 모래를 움직이는 '자유'를 상징하고 있다. 학생들이 기물을 파괴하고 자동차에 불을 지르는 동안,

68학생운동 당시 계뤼삭 거리에 나뒹구는 자동차들.

경찰은 최루탄을 쏘고 곤봉을 휘두르며 바리케이드에 진입하였다. 그때 학생들을 지지하는 천만 명의 국가노동자들이 일제히 파업체제에 돌입하였다. 정부는 이를 저지하기 위해 탱크까지 동원하였으나, 사태는 점점 더 걷잡을 수 없게 되었다. 국회가 해산되고, 결국 1969년 고령의 드골 대통령은 하야를 결정했다.

드골이 정계를 은퇴하자 제5공화국의 붕괴를 우려하는 사람들도 많았다. 그러나 우려와는 달리 공화국 체제는 그대로 굳건히 유지되었고 많은 변화의 국면을 맞이하게 된다. 드골의 총리였던 퐁피두가 대통령에 당선되어 기업부문의 자유방임체제를 실시하였고, 강경 외교노선 역시 많이 완화되었다. 1974년 퐁피두가 갑자기 병사하고, 보수적인 경향의 지스카르 데스탱이 제3대 대통령이 되었다. 지스카르 데스탱의 임기에 퐁피두 문화센터가 완공되었다. 데스탱 대통령은 드골의 유산을 물려받아 경제발전에 총력을 기울였고, 국제문제에 있어서도 프랑스의 입지를 강화시키는 강한 외교정책을 취하였다.

1981년 몇 차례 낙선의 고배를 마셨던 사회주의자 프랑수아 미테랑이 드디어 대망의 대통령에 당선되었다. 미테랑은 광범위한 국유화사업으로 자신의 첫 임기를 장식하였다. 그러나 국제정세는 사회주의 경제에 등을 돌렸다. 1986년에 결국 미테랑 정부는 국회선거에서 우파에게 크게 지고 말았다. 우파가 이처럼 의회를 장악하는 바람에, 미테랑은 하는 수 없이 울며 겨자 먹기로 우파의 보수적인 자크 시라크를 총리로 임

순 철골로만 지은 퐁피두 문화센터

명하게 되었다. 그리하여 제5공화국의 헌정사상 최초로 좌파
와 우파 간의 기묘한 '동거'체제가 시작되었다. 또한 선동적인
장 마리 르펭의 선전에 힘입어, 반(反)이민정책을 내세우는 극
우파의 국민전선(FN)이 점차로 그 세력을 확장해갔다. 전후
프랑스 식민제국이 해체되는 상황에서 프랑스는 과거 식민지
에서 많은 이민 노동자를 본국으로 불러들여 그들의 노동력을
경제부흥의 활력소로 삼았다. 그러나 장기불황이 찾아오자,
경기침체와 만성실업에 대한 비난의 화살이 모두 이민 노동자
들에게 쏠리게 되었다.

한편 미테랑의 원대한 구상은 파리의 건축조경을 뉴 밀레
니엄 스타일로 개조시키기에 이르렀다. 지스카르 데스탱의 재
임기에 완공된 퐁피두 문화센터에 영감을 받았던 미테랑은
돌, 철강, 콘크리트 재료에서 불멸의 영속성을 추구하였다. 옛
역사를 개조한 오르세 박물관, 옛 도살장을 문화공간으로 바

퐁피두 문화센터의 샘.

꾼 빌레트 공원, 이국적인 아랍세계연구소(Institut du Monde Arabe), 루브르의 현대식 피라미드, 오페라 바스티유 가극장, 라 데팡스의 대교호, 새로운 프랑스 국립도서관이 모두 미테랑 시대가 낳은 뛰어난 수작들이다. 천문학적인 공사비용에, 1889년 에펠탑을 준공할 당시처럼 여론이 분분하였지만 21세기 파리에 대한 미테랑의 비전은 새로운 건축세계를 대중에게 선보였다. 작고한 미테랑 대통령의 또 다른 위대한 유업은 파리에 집중된 정치·재정력을 지방으로 분권화시킨 사회주의적 프로젝트이다. 그러나 프랑스 국민들은 미테랑의 업적보다 그의 장관들을 둘러싼 스캔들이나 비화에 더 촉각을 곤두세웠다. 90년대 중반에 미테랑은 두 가지 중대한 사건, 즉 레지스탕스에 가담하기 전에 비시정권과 손을 잡았던 과거지사의 탄로와 암과의 투병 때문에 크게 휘청거렸다. 결국 중환으로 정계에서 물러난 미테랑의 후임으로 만년 파리 시장인 우파의 자크 시라크가 공화국 대통령에 당선되었다.

빌레트 공원의 라 그랑드 알(La Grande halle).

작은 시테 섬에서 출발하여 현재 뉴 밀레니엄 시대에 이르기까지, 유럽의 수도이며 프랑스의 심장부인 파리는 꾸준히 성장을 거듭해왔다. 여기서 한번 미래도시로의 여행을 꿈꾸어보자. 고층건물이 우뚝 선 라데팡스의 오후나 퐁피두 문화센터의 유명한 샘의 정오의 햇살을 통해서, 우리는 21세기 파리의 미래를 엿볼 수가 있을 것이다. 파리의 전진적(前進的), 미래지향적 경향은 건축학의 나래 공간 속에 잘 구현되어 있다. 가령 빌레트 공원은 2500년대를 향해 힘차게 용솟음치며 달려가는 포스트-모던 급행열차에 비유할 수가 있다. 혁신적인 오페라 바스티유 가극장, 아랍세계연구소 등은 파리가 문화지평선의 무한한 확장을 꿈꾸고 있다는 사실을 확인시켜준다. 그러나 이 모든 도시의 영롱한 미래는 갈로로망 시대부터 현재까지 고이고이 축적해온 전통 속에 뿌리박고 있다는 사실을 상기하도록 하자.

파리의 구역별 명소

  루브르 미술관, 퐁피두 문화센터, 오르세 박물관에는 세계에서 가장 유명한 예술작품들이 진열되어 있다. 그러나 이들 예술작품 속에 신비하게 숨겨진 문화의 보고를 캐내는 것은 감상하는 사람의 마음에 달린 일이다. 샹젤리제 거리의 에어콘 시설이 잘 된 영화관의 어두운 조명 속에서, 아니면 몽마르트르 언덕의 테르트르 광장에서 열심히 초상화를 그려주는 무명화가의 진지한 눈빛 속에서, 우리는 파리의 신비감을 찾아볼 수 있을 것이다. 제2차세계대전 후 굶주린 헝그리 지식인 세대는 학문과 예술의 자유를 갈망해서, 또한 따뜻한 크루아상과 진한 에스프레소 커피, 붉은 와인의 진수를 음미하기 위해 국제도시 파리를 찾아왔다. 그들은 오늘날 파리의 구역마

몽마르트르에 있는 테르트르 광장.

다 산재해 있는 특색 있는 카페를 중심으로, 드라마틱한 예술
가 공동체를 형성하였다. 그러나 군이 유명한 예술인이 아니
더라도, 파리의 방문객들은 발길이 닿는 대로 저마다 파리의
개성 있는 보물들을 찾아낼 수가 있다. 예로부터 파리는 시테
섬과 센 강 우안과 좌안으로 크게 삼분된다. 먼저 시테 섬을
방문하여보자.

하늘과 물 사이의 시테 섬

오늘날 대형버스를 세낸 관광객들이 시테 섬에 내려 북적
거리는 것은 그럴 만한 충분한 이유가 있다. 왜냐하면 시테 섬
은 파리에서 가장 좋은 전망을 선사해주기 때문이다. 파리의
중심부에 위치하려면, 이 시테 섬처럼 센 강에 발을 풍덩 적시
지 않으면 안 된다.

우선 먼저, 해마다 전 세계의 순례자들을 불러들이는 노틀

법원.

담 사원을 방문해보자. 1163년 마르셀 드 쉴리 주교 시절에
시작된 공사는 1334년에 가서야 완공되었다. 원래 노틀담
(Notre-Dame)이란 가톨릭 교도들이 성모 마리아를 부를 때 쓰
는 명칭이다. 그래서 프랑스에는 파리의 노틀담 외에도, 이 노
틀담이란 명칭을 가진 교회들이 부지기수이다. 프랑스의 대문
호 빅토르 위고는 그의 걸작품 『노틀담의 꼽추』를 통해서, 이
중세 고딕식 사원을 불후의 것으로 만들었다. 노틀담의 종지
기 꼽추 콰지모도는 그의 흉측한 외양 속에 매우 거룩하고 섬
세한 감수성을 감추고 있는 인물로 그려져 있다.

시테 섬은 또한 파리 법원(Palais de Justice)의 요람지이다.
이 법원 소재지는 작은 가로수가 심어진 도팽 광장(Place
Dauphin)과 시선을 마주하고 있다. 여기서 좀 더 걸어가면, 유
명한 오르페브르 부두가 있다. 중세에 금속세공업자(Orfèvres)
들이 이곳에 거주했기 때문에 붙여진 이름이다. 만일 이쯤에

서 질 좋은 와인으로 목을 축이고 싶다면, '비유 파리(Vieux Paris)'라는 레스토랑에 한번 들러 파리의 전통요리와 술을 음미하는 것도 여행의 커다란 즐거움 중 하나일 것이다. 식도락을 즐기는 프랑스인의 지론에 의하면, 레스토랑은 '우주의 문명화된 마지막 장소'이다. 그러므로 문명인이라면 모름지기 음식의 감미로움에 무신경하기는 어려운 일이다. 오를로주(Horloge)부두를 따라서 계속 걷다보면, 고요한 정적의 매력을 풍기는 삼각형의 작은 광장이 나온다. 1608년 이탈리아식 광장에 몹시 매료된 앙리 4세의 개인적 충동심에 이끌려 탄생한 이 공간 위에는, 레스토랑과 예술공예품 가게가 조화롭게 늘어서 있다. 이곳에는 오직 사치와 정적, 감미로운 쾌락(volupté)만이 존재한다. 이 시테 섬의 끝에 도달하면, 먼발치에 유람선(bateau-mouche)의 선착장이 보인다. 이 낭만적인 유람선을 배경으로 다정하게 포옹한 파리의 연인들을 보는 것도 방문객에

파리의 유람선.

게는 그리 낯설지 않은 풍경이다.

시테 섬에서 꼭 빼놓을 수 없는 것이 바로 생트 샤펠 성당이다. 원래 생트 샤펠이란 그리스도 수난에 관련된 성유물을 보관하는 거대한 성골함을 가리킨다. 1239년에 독실한 성왕 루이는 13만 5천 리브르(옛 화폐단위)를 주고, 베니스인들로부터 그리스도의 가시면류관을 사들였다. 그는 또한 십자가와 형벌기구까지 따로 구매하였다. 이 귀한 성유물들을 맞이하기 위해서는 특별한 장소가 필요하였다. 성왕 루이는 시테 궁(지금의 법원)에 교회를 하나 짓도록 명하였다. 이 생트 샤펠 성당의 건축은 단순히 경건한 신앙심에 의한 것일 뿐만 아니라, 정치적 심산도 많이 작용하였다. 생트 샤펠 성당은 여러 차례 화재를 당했을 뿐만 아니라 수해로 인해 한번 피해를 본 적도 있었다. 혁명 당시에도 성당은 결코 무사하지 못하였다. 폭도들의 손에 의해 프랑스 왕가의 문장을 표시하는 백합문양의 성당 뾰족탑은 물론이고 외부의 장식들이 거의 파손되었다. 성당에 대한 복원이 본격적으로 시작된 것은 19세기 후반부터이다. 복원은 원형을 최대한 살리는 데 초점이 맞추어졌다. 1999년의 폭풍우로 말미암아 비트린 장식이 파괴되어 다시 한번 새로운 복원공사가 이루어지기도 했다.

생 루이 섬

생 루이 섬을 아는가! 평상시에 생 루이 섬은 맏언니 격인

생 루이 섬과 퐁 마리 다리의 전경. 니콜라-장-밥티스트 라그네
(Nicolas-Jean-Baptiste Raguenet, 1715~1793)의 작품.

시테 섬의 거대한 사원의 그림자로 가려져 있다. 여행객들은
노틀담 사원의 후미에서 볼거리를 찾아 헤매다 자기도 모르게
생 루이 다리를 훌쩍 넘어 엉겁결에 생 루이 섬에 당도하기도
한다. 거기에는 부두 위로 불쑥 나온 매혹적인 건물들, 손님들
을 따뜻하게 환대하는 작은 상점들, 고급 카페와 레스토랑, 입
에서 사르르 녹는 소르베(sorbet: 술, 향료, 과즙이 든 일종의 아
이스크림)로 유명한 베르티옹 아이스크림 가게 등이 생 루이
섬의 아기자기한 매력과 풍취를 한결 더해주고 있다. 생 루이
섬의 거리는 작은 산보를 즐기기에 안성맞춤이며 그 다음주에
다시 한번 들러보아도 지난번 하고는 또 다른 분위기를 만끽
할 수가 있다.

　원래 생 루이 섬은 소(牛)섬과 노틀담 섬으로 구분되어 있
었다. 중세를 통해 생 루이 섬은 결투를 하거나 소 떼들이 한
가로이 놀기에 적당한 후미진 장소로만 알려져 있었다. 1267

년에 성왕 루이 9세는 바로 소섬에서 튀니지 십자군 원정을 떠났다. 그러나 그는 영원히 돌아오지 못하는 불귀의 객이 되었는데, 이를 기리는 차원에서 섬의 이름도 성왕 루이, 즉 생 루이 섬(l'île de St. Louis)으로 바뀌었다. 17세기에 건축가 루이 르보(Louis Le Veau)는 이 두 개의 섬을 하나로 병합시켰다. 또한 생 루이 섬은 앙리 4세와 다리 기획가 크리스토프 마리, 이 두 사람의 계약 성사에 따라 서서히 주거지역으로 자리잡게 되었다. 참고로 생 루이 섬의 '퐁 마리 다리'는 바로 후자의 이름 크리스토프 마리에서 유래한 것이다. 생 루이 섬의 우아한 저택들은 프랑스의 대표적인 지성 볼테르, 샤틀레 부인, 도미에, 앵그르, 『악의 꽃』의 보들레르, 발자크, 사실주의 화가 쿠르베, 여류문인 조르주 상드, 드라크르와, 사과 정물로 유명한 세잔 등 기라성 같은 엘리트 시민들을 맞이했던 추억이 있다.

1930년대에 생 루이 섬에 거주하는 주민들은 '독립된 공화국'임을 선포하기도 하였다. 현재에도 생 루이 섬은 파리로부터 동떨어진 초연함을 유지하고 있다. 생 루이 섬과 파리 본토를 연결해주는 4개의 다리 중 하나를 건너갈 때, 이곳 주민들은 아주 천연덕스럽게 "나 파리에 간다(Je vais à Paris)."라고 얘기한다. 생 루이 섬은 아직도 17세기와 너무도 유사한 모습을 그대로 지니고 있다. 그러나 17세기와 달라진 점이 하나 있다면, 연일 호기심 많은 관광객들이 상점과 카페, 레스토랑, 예술 화랑 주위를 기웃거린다는 점이다.

센 강 좌안지역

옛날에 센 강 좌안(rive gauche)지역에서 좌(左)를 의미하는 'gauche'라는 단어는 이류의, 즉 하급계층의 생활양식을 의미하였다. 왜냐하면 일년 내내 가난한 학생들이 그곳에 기숙하였기 때문이다. 그러나 오늘날 센 강 좌안지역은 여행자들이 숙박지로 첫 번째 손꼽는 명소가 되었다. 거리가 늘 사람들로 활력이 넘치는데다가, 별로 비싸지 않은 카페와 바들이 즐비하기 때문이다.

라틴지구

파리 6구와 5구의 서쪽 지역이 바로 라틴지구이다. 라틴지구라는 명칭은 1798년 혁명 이전에, 명문 고등학교나 소르본 대학을 포함한 권위 있는 대학들이 사용하던 언어(라틴어)에서 유래하였다. 5구는 중세 때 대학이 생긴 이래 지성인들의 집합소가 되었을 뿐만 아니라, 1968년 5월 학생운동도 바로 이곳에서 발생하였다. 또한 6구, 즉 현재 살아 있는 전설이 되어 버린 생 제르맹 데 프레 거리에는 헤밍웨이, 사르트르, 피카소, 카뮈, 보들레르 그리고 20세기 상반기에 파리에 있었던 사람이면 누구든지 무시로 출입했던 유명한 카페들이 있다. 비관론자들은 이 라틴지구가 60년대 이후로 반항적인 기질을 잃어 버렸다고 한탄해마지 않는다. 데모 시에 미사일(?)로 사용되던

느슨하게 박힌 조약돌이나 자갈길 대신에, 콘크리트로 잘 부착된 새 석판암 길을 보면 금세 알 수 있다. 불바르(대로) 생미셸과 여행자들의 눈과 발목을 사로잡는 환상적인 쇼핑상점들은, 68후기 라틴지구 상업화의 결과물로 생긴 아이러니컬한 희생물이라고 할 수 있다. 그러나 샛길로 빠지면 학생지구는 아직도 옛날의 아스라한 정취를 잃지 않고 있다. 먼지 쌓인 고서를 파는 헌책방, 케케묵은 예술영화를 상영하는 영화관, 테이크 아웃 할 수 있는 레바논 민속요리 구멍가게가 마치 봄날에 사지가 나른한 고양이가 기지개를 켜는 것처럼 골목 안에 웅크리고 앉아 있다.

5구에 있는 콩트르스카프(Contrescarpe) 광장과 무프타르(Mouffetard) 거리는 파리의 전형을 그대로 보존하고 있는 라틴지구의 정수라고 할 수 있다. 콩트르스카프 거리는 한가로이 산책하다 잠시 카페에 들러 간단한 요기를 하기에 이상적인 장소이다. 『노인과 바다』의 작가 헤밍웨이가 바로 이 동네에

무프타르 거리의 상점들.

살았다. 여기서는 또한 7월 14일 혁명 기념일에 흥겨운 민속 무도회가 열린다. 이 매력적인 상업지구를 조금만 내려가면, 다양한 레스토랑, 특히 그리스 요리점이 즐비한 무프타르(Mouffetard) 거리가 나온다.

이 무프(Mouffe) 거리는 갈로로만 시대부터 존재했던 파리에서 가장 오래된 거리 중 하나이다. 즉, 골 시대의 수도였던 리용(Lyon)이나 로마로 가기 위한 출발지였던 것이다. 그러나 이 무프 거리의 유일무이한 개성은 파리에서 가장 활기 있는 가두 시장 중 하나라는 점이다. 오밀조밀 진열된 과일노점상에서 푸른 사과를 하나 집어 옷에 그냥 쓱 문지른 다음, 즉석에서 아작아작 깨무는 맛도 일미 중의 하나이다. 조금 더 내려가면, 무프 거리가 끝나는 지점에 생 메다르(St. Médard) 교회가 나타난다.

이 교회는 원래 12세기경에 지어진 것이다. 16, 17, 18세기에 계속 확장공사가 이루어졌고, 19~20세기에 다시 보수공사를 했다. 1561년에 교회는 신교도에 의해 약탈당하였고, 17세기에는 얀센주의(Jansenisme)의 본산이 되었다. 얀센주의는 네덜란드의 가톨릭 신학자 코르넬리스 얀세니우스가 주창한 교의이다. 얀센주의는 당시 인문주의화한 프랑스 가톨릭에 대하여 초대 그리스도 교회의 엄격한 윤리로 되돌아갈 것을 촉구하였다. 특히 예수회에 속한 학자들과 격렬한 논쟁을 불러일으켜, 파스칼이 얀센주의적 입장에서 '시골 친구에게 보내는 편지'를 써서 예수회 회원의 도덕론을 공격하였던 일은 유명하

생 메다르 교회.

다. 18세기 초에 이 생 메다르 교회를 중심으로 얀센파의 열광적인 신도들(Convulsionnaires)이 히스테릭한 시위운동을 일으켜 호기심 많은 군중들의 이목을 사로잡았다. 그러나 1732년 루이 15세의 법령으로 시위운동은 금지되었다. 혁명기에 생 메다르 교회는 우선 폐쇄되었다가, '노동교회(Temple du Travail)'로 명칭을 바꾸어 다시 문을 열기도 했다.

파리 6구는 또한 문학카페와 혁신적인 예술 갤러리의 본산지이다. 생 미셸 거리에서 생 제르맹 데 프레 거리로 접어들면, 시인 랭보에서 실존주의 철학자 사르트르를 매료시켰던 문학카페를 접할 수가 있다.

또한 센 강 좌안지역에서는 현대예술 작품들을 실컷 감상할 수 있는 고급화랑을 만날 수가 있다. 그러나 파리 5구는 기존의 대학을 절대 확장시키지 않는 반면, 6구는 자본주의에 편승하여 지나친 성장세를 보이고 있다.

상층 부르주아가 그곳에 이주하여 고급 디자인 상점, 하늘처럼 치솟는 가격, 또한 파렴치한 물질만능주의가 함께 자리하고 있다.

파리 7구

파리 7구는 18세기에 가장 우아한 주거지역 중 하나였다. 1889년 당시 파리의 여론을 들끓게 했던 철제 에펠탑을 이곳에 모심으로써, 파리의 영원한 상징물이 되었다. 뿐만 아니라 현재 국회의사당이 이곳에 있으며, 많은 외국 대사관과 앵발리드 기념관, 오르세 박물관 등이 있다. 만일 여행자가 이곳을 하루 여행코스로 정했다면, 프랑스의 외교, 건축, 예술, 군사적 업적의 메들리를 한꺼번에 감상할 수 있을 것이다. 로댕 미술관을 방문하는 것도 큰 즐거움이다. 7구에서는 관광과 파리의 가장 친숙한 시가지를 동시에 접할 수 있는 이점이 있으나, 음식이나 숙박시설이 꽤 비싼 편이다.

로댕 미술관의 1층에서 바라본 정원의 풍경.

몽파르나스

20세기까지도 몽파르나스(13~14구에 걸쳐 있음)는 파리에서 가장 가난한 동네 중 하나였다. 그래서 빅토르 위고는 이 몽파르나스 주민들을 『레미제라블』에 나오는 가난한 사람들의 모델로 삼았다. 또한 비에브르(Bièvre) 하천에서 흘러나오는 산업폐수로 인해, 13구는 파리에서 가장 악취가 심한 동네였다. 그러나 다행히 20세기에는 하천도 폐쇄되었고, 또한 환경론자들이 근처의 가죽공장과 제지공장의 생산을 중단시키는 캠페인을 벌여 성공을 거두었다. 도시계획자들은 이 몽파르나스 일대를 대형문화센터로 개조하였다. 그래서 하나의 신설대학과 사무소들, 영화관, 영화교육센터, 또한 많은 방문객을 한꺼번에 수용할 수 있는 새로운 지하철 출구가 세워졌다. 그리고 이 지역은 이민공동체 지구이며, 최근에 미테랑 도서관이 들어섰다. 많은 이민자들이 14구에 정착하였으나, 최초로 몽파르나스에 정착한 것은 바로 브레타뉴인들이었다. 그래서 아직도 몽파르나스에는 브레타뉴 지방의 토산품인 크레프를 파는 가게들이 많으며 브레타뉴 장인가게, 문화협회 따위가 줄지어 서 있다.

그러나 정작 몽파르나스가 유명해진 것은 1920년대에 피카소, 헤밍웨이, 스타인 등이 바로 몽파르나스 일대의 단골손님이 되면서부터였다. 또한 14구는 만 레이(Man Ray)나 모딜리아니, 헨리 밀러 같은 예술가나 작가들의 천국이 되었다. '몽파르노

사르트르와 보브아르의 무덤.

(Montparnos)'라는 명칭은 제1차세계대전과 제2차세계대전 사이 몽파르나스 일대를 유명하게 만든 예술가들을 총칭하는 것이다. 1889년의 박람회와 몽파르나스의 예술적 풍요로운 삶은 많은 예술가들을 끌어들였다. 아폴리네르, 고갱, 마티스 등이 이곳에 정착하였다. 당시 이 몽파르노를 끌어당기는 두 개의 구심점은 바로 카페 돔(le Dôme)과 쿠폴(la Coupol)이었다. 오늘날 이 지역의 고급화는 가난한 예술가들을 동네 밖으로 슬슬 내몰고 있는 실정이다. 그러나 아직도 비교적 괜찮은 가격으로 물건을 살 수 있고 저렴한 가격으로 음료를 마실 수 있는 카페문화는 여전히 젊은 예술가들과 대학생들의 마음을 사로잡고 있다.

몽파르나스에서 꼭 한번 가볼 만한 장소로 에드가 케네 거리에 있는 몽파르나스 묘지를 추천하고 싶다. 이곳에 묻혀 있는 인사들은 헤아릴 수 없이 많지만, 그러나 굳이 몇 사람만 인용한다면 장 폴 사르트르와 시몬 드 보브아르,[6] 보들레르, 조르주 상드, 샤를르 가니에, 음악가 생상, 모파상, 평론가 생트 뵈브 그리고 유명한 '드레퓌스 사건'의 주인공 알프레드 드레퓌스를 들 수 있다. 또한 최근에는 샹송가수이면서 작곡가인 세르주 갱스부그(Serge Gainsbourg)가 여기에 묻혔다. 이곳에 무덤이 생기자 19세기에 예술가들, 특히 장례 예술의 장인들과 조각가들이 몰려들어 번창하게 되었다. 또한 만남이나 사교의 장소인 선술집(taverne)이 생기면서 예술가, 시인, 지성인, 사진작가들이 이 지역을 자주 드나들게 되었다.

센 강 우안지역

센 강 우안지역은 "경제에 목욕한다."라는 말이 생길 정도로 예로부터 상업지구로 정평이 나 있다. 레알(Les Halles), 즉 파리의 옛 시장을 지칭하는 에밀 졸라의 『파리의 복부』(Les ventre de Paris)란 소설을 잠시 떠올려보면 금세 이해가 되는 일이다. 그러나 우안지역은 상업지구일 뿐만 아니라 루브르 미술관, 팔레 로와이알, 튈르리 정원 등 다채롭고 풍요로운 문화자산들이 많다. 과거 프랑스 왕가의 발자취를 찾아보려면 파리 1구를 방문하는 것이 좋다. 프랑스 왕가의 이전 왕궁이었던 루브르 궁이 바로 그곳에 있기 때문이다. 만일 쇼핑에 관심이 있다면, 레알이나 방돔 광장에 가면 좋다. 산책의 애호가라면 튈르리 정원에서 가벼운 아침 산보로 상쾌한 하루를 시작하는 것도 좋다. 그러나 참관의 필수 코스는 뭐니뭐니해도 프랑스 영광의 전리품 집합소라 할 수 있는 루브르 미술관, 사색하는 정원 팔레 로와이얄 그리고 현대적인 퐁피두 문화센터 등을 손꼽을 수 있을 것이다.

마레지역

마레(Marais)는 원래 늪이나 습지를 의미한다. 수도사들의 간척사업에 의해 주거지역으로 바뀌게 된 마레지역은 17세기 초, 앙리 4세가 보주 광장을 짓기 시작하면서부터 귀족들의 우아한 고급주택가로 자리잡게 되었다. 당대 최고의 건축가와 조각가들이 저마다 솜씨를 다투어 단아한 정원이 딸린 고급 저택을 많이 지었다. 그러나 루이 15세 시대에 파리생활의 중심이 '포부르(당시 교외를 의미)'지역으로 이동하게 됨에 따라 마레지역의 건축사업은 그만 중단되었다. 대신 생토노레나 생제르맹 같은 우아한 포부르지역이 귀족들의 신흥주택가로 부상하였다. 혁명기간 중에 이 마레지역은 많은 기물파손을 당

팔레 로와이얄.

하였고, 또 탐욕스런 빈민가 주인들(slumlords)의 손에 넘어갔다. 그러나 1960년대부터 마레지역은 '역사의 고장'임을 선포하고, 30년 동안 광범위한 보수작업을 통해 과거의 영광을 되찾았다. 예전의 궁전 같은 저택들은 최상의 박물관으로 개조되었고, 구불구불한 골목길에는 최신 유행의 스마트한 가게와 갤러리들이 여유롭게 꽉 들어찼다. 또한 파리 4구의 중심에 위치한 로지에(Rosiers) 거리는 유대인 지구라서, 유대인의 율법에 맞는 정결한 음식물을 파는 가게와 중동과 동구 레스토랑이 서로 이웃하고 있다. 오늘날 마레지역은 파리 게이들의 중심지로도 유명하다.

샹젤리제 거리

샹젤리제 거리는 나폴레옹의 조카 루이 나폴레옹 치세 하에 비로소 사회·상업적인 활동의 중심지가 되었다. 나폴레옹 3세는 에트왈 광장의 공사를 완공하였다.

샹젤리제(개선문에서 힘차게 뻗은 산책대로).

오늘날 파리 8구는 파리에서 가장 매혹적인 지역임에는 틀림없다. 에르

메스(Hermès), 루이뷔통(Louis Vuitton), 샤넬(Chanel) 등 고급 의상실과 부티크 등이 즐비한 그랑 불바르(대로)의 눈부신 화려함은 관광객들의 눈과 마음을 한없이 들뜨게 하고, 때로는 약간 주눅들게도 한다. 대사관과 고급 의상실, 살롱이 즐비한 이곳에서 혹시 걷다가 지쳐 가격대가 비교적 저렴한 먹거리를 찾는다면, 그야말로 오산이다. 이곳은 그저 방문하는 지역이고, 저녁은 다른 곳에서 하는 것이 좋다.

파리 8구에 가면, 몽소 공원(Parc Monceau)과 자크마르-앙드레 박물관(Musée Jacquemart-André)을 방문하는 것을 잊지 말자.

오페라

파리 9구는 오스만 도시계획의 덕을 가장 많이 본 지역이라고 할 수 있다. 또한 건축가 가르니에가 웅대하기 이를 데 없는 오페라 가극장을 짓고 난 후에 만인의 관심의 대상이 되었다. 오늘날 파리 9구는 고급문화와 저급문화의 양극단을 여실히 보여주고 있다.

9구의 아래쪽에는 최고 예술의 경지를 자랑하는 오페라 가극장, 훌륭한 영화관의 파노라마, 고급 의상실, 갈레리 라파예트와 프랭탕 백화점이 자리하고 있는 반면에, 위쪽(파리 북부)에는 포르노 숍이나 X등급의 영화관, 창녀와 마약문화가 활개를 치고 있다.

몽마르트르

정말 몰라볼 정도로 달라진 오페라 지구와는 달리, 몽마르트르는 오스만 남작이 파리와 그 인근지역을 새로 디자인할 때, 거의 손을 대지 않은 얼마 안 되는 구역 중 하나이다. 몽마르트르 언덕은 높이 130m의 정상에서 파리 시가지를 한눈에 굽어보고 있다. '순교자의 산(Mont des Martyrs)' 또는 '머큐리 산(Mont Mercure)'에서 그 어원이 유래한 몽마르트르(Montmartre)는 12세기 이래 수도원의 강력한 본산지가 되었다. 1871년 몽마르트르는 피비린내 나는 파리코뮌의 중심활동무대가 되기도 하였다.[7]

보불전쟁에서 패한 후, 프랑스 정부는 프랑스 국운의 융성을 기원하는 차원에서 '사크레 쾨르' 성당을 건축하였다. 19세기 말 몽마르트르는 예술가와 보헤미안들의 삶의 터전이 되었다. 베를리오즈에서 피카소에 이르기까지 많은 예술가들이 이 언덕을 파리의 명소로 만들었으며, 오늘날에도 창작의 집념을 불태우는 예술가들의 활동무대가 되고 있다.

20세기까지도 전원적인 몽마르트르 언덕에는 뜨거운 태양 아래 자라는 포도밭, 밀밭, 낭만적인 풍차 그리고 석고 광산 등이 산재해 있었다. 이 지역이 파리의 명소가 된 것은 위에서 언급한 대로 이곳에 살았던 예술가들의 명성 덕분이다. 몽마르트르 언덕의 목가적이고 서정적인 아름다움과 저렴한 방세는 툴루즈-로트렉이나 에릭 사티처럼 자유분방한 보헤미안 예

카바레 '라팽 아질'의 간판그림.

술가들을 이곳으로 유인하기에 충분하였다. 특히 로트렉이 그의 화폭 속에 담아낸 「물랭 루즈의 무도」 같은 몽마르트르의 기묘한 일상은 이 지역을 불후의 장소로 만들었다. 또한 '르 샤 누아르(검정 고양이)' 같은 보헤미안 카바레, 다다이즘의 예술가 일단, 풍자적인 저널 덕택에 몽마르트르 언덕은 파리의 자유 연애, 희롱, 정치적 풍자의 본거지가 되었다. 제1차세계대전 직후에는 피카소나 모딜리아니, 시인 아폴리네르 등이 이 예술가 서클에 합류하였다.

오늘날 몽마르트르는 아베스(Abbesses) 거리 위쪽의 부자 보헤미안과 클리시(Clichy) 대로를 따라 보여지는 저속함이 혼용된 지역이라고 할 수 있다. 여행객이 다소 숨가쁘게 사크레 쾨르 성당 근처에 올라가면, 한눈에 펼쳐지는 파리 시가지의 극적인 파노라마를 감상할 수가 있다. 18구에 가면 빼놓을 수 없는 장소로 피카소가 평소 좋아했던 카바레 '라팽 아질(Lapin Agile)'을 들 수 있다. 갑자기 나타난 혜성처럼 '르 샤 누아르' 카바레가 15년(1881~1896년)간 최고의 인기를 누렸다면, 최

장수의 카바레는 '라팽 아질(민첩한 토끼)'이다. 원래 '암살자'를 의미하는 가장 오래된 카바레 '아사생(Assassins)'은 유머리스트 화가 앙드레 질(André Gill)이 그린 간판 그림에서 그 이름을 따온 것이다. 솥에서 막 뛰쳐나오는 토끼 캐릭터와 화가 질의 이름이 합쳐진 기묘한 합성어 'Lapin à Gill'에서, 민첩한 토끼(Lapin Agile)가 탄생한 것이다. 이 카바레는 1914년까지 작가, 시인, 몽마르트르 화가들의 랑데부 장소였다. 피카소, 모딜리아니, 아폴리네르, 피에르 마코를랑(P. Macorlan, 프랑스 소설가) 등이 이 카페의 단골손님이었다.

　　몽마르트르 언덕 위, 생 뱅상 거리와 솔 거리의 구석진 모퉁이에 마치 귀머거리 램프처럼, 일세기 반 동안이나 오래된 카바레 라팽 아질이 있다. 이 이상한 작은 성탄의 집에서는 저마다 자신의 감동적인 상송을 들을 수가 있다.

피에르 마코를랑

파리의 축제 - 봄, 여름, 가을 그리고 겨울

봄(Printemps)

봄의 대표적인 축제로는 역사가 유구한 트론 장(Foire du Trône)과 파리의 각 지역에 거주하는 예술가들이 자신의 아틀리에를 일반인에게 일제히 개방하는 '포르트 우베르트(Portes Ouvertes)' 축제, 이 두 가지를 단연 꼽을 수 있다(5~6월). 여기서는 트론 장을 한번 자세히 소개하기로 한다. 957년, 로테르(Lothaire) 국왕이 민속축제를 연 것이 이 트론 장의 효시가 되었다.

1131년은 돼지가 역사를 바꾼 날이었다! 1131년 10월 13일, 뚱보 루이 국왕(루이 6세)의 아들이 말을 타고 생탕트완 거

트론 장(뱅센. 2000년 5월).

리를 지나가다가 마침 먹을 것을 찾아 헤매는 돼지 떼의 습격을 받고 낙마하는 사건이 발생하였다. 이에 진노한 국왕이 돼지 떼들이 더 이상 파리에서 울타리를 벗어나 배회하지 못하도록 엄격한 금지령을 내렸다. 왜냐하면 중세는 그야말로 돼지들의 천국이었다. 먹성 좋은 돼지들이 거리를 자유롭게 활보하며, 눈앞에 보이는 것은 뭐든지 먹어치웠다. 당시에는 거리 보행에 인간과 동물의 구분이 전혀 없었기 때문이다. 그래서 만일 동물이 범인이나 도둑처럼 유죄판결을 받으면, 마치 돼지가 이성적인 동물인 양 인간과 똑같이 처벌을 받았다. 그러나 이 치명적인 낙마사건 이후, 왕령에 의해 돼지들의 거리 보행이 전면 금지되었다. 생탕트완의 수도승들에게는 예외규정을 두었는데, 거리 보행자들에게 미리 신호탄을 보내는 차원에서 돼지 목에 꼭 방울을 단다는 조건이었다. 이유인 즉, 생탕트완 수도원의 성스런(?) 돼지들은 신성한 신법의 특별보호를 받으며, 결코 사탄이 보낸 짐승이 아니라는 취지에서였다.

국왕의 이러한 특혜조치에 보답하는 차원에서 생탕트완의 수도승들은 돼지 모양의 생강 과자빵(pain d'épice)을 만들었다. 그들은 생강빵을 파는 장소에서 이를 독점적으로 판매할 권리를 지니고 있었다. 이것이 바로 유명한 생탕트완 장이다. 이 노천 장에서는 생강빵과 케이크, 자질구레한 잡화 따위를 판매하였다. 또 막간의 유흥으로 곡예사의 공연도 열렸다. 생탕트완 수도원장의 영지에서 해마다 이처럼 장이 열렸으나, 이 목가적인 전통은 혁명과 더불어 그만 자취를 감추게 된다. 혁명 중에 생탕트완 수도원이 파괴되었기 때문이다. 사라진 장은 1805년에 부활되었다. 그러나 이번에는 상업적인 장터이기보다는, 장터에서 벌어지는 흥행이나 민속축제의 성격이 훨씬 더 강하였다. 처음에 상인과 곡예사들은 몽트뢰이(Montreuil) 거리와 생-베나르 거리의 중간지점에 장을 열었으나, 차츰 시간이 경과함에 따라 트론 방책 쪽으로 이동하기 시작했다. 그래서 트론 장이라는 이름을 얻게 된다. 1841년에 유랑극단배우들과 노점상들은 원형광장(미래의 나시옹 광장)에서 장을 열어도 좋다는 허락을 받았다. 해를 거듭할수록 장의 규모가 커져, 1883년에는 나시옹 광장에서 뱅센까지 뻗어가게 되었다. 뱅센 도지사는 장의 무질서한 확장을 규제할 필요성 때문에, 노점상들로부터 장터 사용료를 징수하였다. 장은 일시적으로 쇠퇴했다가, 대전 이후 다시 파리 시민들의 열렬한 환영을 받았다. 어려운 시기를 체험하고 난 후, 파리 시민들은 진심으로 건전한 오락을 갈구하였기 때문이다. 1957년 노점상들은 트론 장 1000주년을 기념하기 위해 수도승으로 변장을 하고, 산책하는 시민들에게 돼지모양의 생강 과자빵을 나누어주었다. 유치한 설탕장식이 달린 작은 돼지 생강빵은 파리 시민들과 금세 친해졌다. 이 중세의 빵은 언제나 그들의 도시 역사에 깊은 관심을 보이는 파리 시민들 덕분에 인기 있는 아이템이 되었지만, 곧 유행이 수그러든다. 그러다가 1964년, 새로운 트론 장이 열리게 되었다. 이 장은 6주 동안 열리는데, 매년 500만 명 이상의 방문객이 몰려든다. 마치 불사조처럼 끈질긴 생명력을 지닌 트론 장은 이제 단순한 민속장이 아니라 유럽에서도 가장 권위 있고 사랑 받는 국제적인 장으로 발돋움하였다.

여름(été)

파리의 여름은 축제가 가장 만발한 계절이다. 우선 트론 장과 마찬가지로, 5월에서 9월까지 도시의 청량한 녹지 공간 뱅센 숲에서 열리는 아름다운 '파리 꽃 공원 축제(Fête du Parc Floral de Paris)'를 들 수 있다. 세 개의 꽃 축제가 동시에 따로 개최되며, 어린이를 위한 아동극 상연, 주로 꽃을 테마로 하는 재즈와 클래식 콘서트 등이 열린다. 또한 4월 초에서 10월 초까지 베르사유 궁의 흥겨운 분수 음악축제가 있다. 베르사유 궁의 정원에 아름다운 꽃향기가 진동하는 가운데, 야외 콘서

게이 퍼레이드.

트의 음악에 맞추어 춤추는 분수의 향연은 가히 장관이라 하지 않을 수 없다. 또한 6월의 이색적인 '게이 퍼레이드'를 놓칠 수 없다. 오늘날 게이의 중심지가 된 마레지역부터, 요란하게 분장을 한 게이들의 화려한 시가행진이 펼쳐진다. 프랑스 공화국의 3대 슬로건 '자유, 평등, 우애' 대신에, '자유, 평등, 동성애'를 외치는 그들의 선동적인 구호가 인상적이다.

6월 중순에는 카페에서 일하는 종업원들의 달리기 경주가 있다. 500명 이상의 턱시도를 걸친 웨이터와 하얀 앞치마의 웨이트리스가 전속력으로 8km 코스의 거리를 질주하는 모습을 바라보는 것은 경이로운 일이다. 6월 중순에서 7월 중순경에는 '쇼팽의 축제'가 열린다. 불로뉴 숲의 바가텔 공원의 오렌지 밭에서 개최되는 이 낭만적인 음악제전에서 비단 쇼팽의 음악뿐만 아니라, 무수히 많은 피아노곡이 연주된다. 6월 말에서 7월 초에 현대적인 빌레트 공원에서 멋진 재즈공연이 개최

튈르리 정원의 축제.

되는데, 비단 재즈뿐만 아니라 세미나, 영화, 조각품 전시가
함께 열린다. 6월 말부터 8월 말까지는 튈르리 정원의 축제가
있다. 모든 연령층을 아우를 수 있는 다양한 오락게임과 민속
축제가 준비되어 있다.

싱그러운 장미가 만발한 유월은 '축제의 여왕'이라고 해도
과언이 아닐 만큼 여러 가지 이벤트가 벌어진다. 전통적으로
프랑스에서는 다산과 풍요를 기리는 성 요한 축일에 불꽃놀이
를 하는 관습이 있다. '성 요한의 불'이라고 불리는 커다란 모
닥불을 지핀 마을 앞 광장에서, 남녀가 밤새도록 춤을 추며 짝
짓기를 한다. 이 성 요한 축제는 태양을 기리는 축제(fête du
soleil)이다. 연중 해가 가장 길다는 '하지 축제(fête du soltice)'
이나, 이제는 거의 사라져가는 전통에 속한다.

오늘날 하지에 개최되는 가장 대표적인 축제는 바로 음악
애호가들을 위한 '음악축제(Fête de la Musique)'이다. 이 음악

축제는 '음악을 만든다(Faîtes de la Musique)'는 뜻이 있다. 1982년 자크 랑(Jack Lang) 문화장관에 의해 시작된 축제는 그 누구도 예기치 못했던 놀라운 성공을 거두었다. 그 이듬해인 1983년까지만 해도 프랑스 언론이나 대중매체는 이 음악행사를 보도하기를 꺼려했다. 설상가상으로 축제 당일에 비까지 추적추적 내리는 바람에 행사 주최 측은 우려를 표명했으나, 음악축제는 다행히 성황리에 끝났다. 이처럼 해를 거듭한 성공에 힘입어, 오늘날 음악축제는 다양한 악기들이 총동원된 가운데 음악전공자와 음악애호가, 수백 수천만의 관객들을 한데 집결시키는 거대한 에너지를 가진 연례행사가 되었다. 명실공히 국제적인 축제로 자리매김한 것이다.

이 음악축제일에는 모든 음악애호가들이 거리로 뛰쳐나와 그동안 갈고 닦은 실력을 최대한 발휘하여 음악을 연주하고, 사람들은 이에 맞추어 흥겹게 춤을 춘다. 필자가 유학하던 시절에 보았던 유람선이 오고가는 센 강변에서 벌어진 음악축제는 참으로 인상적이었다. 어두운 밤 신나는 음악과 대낮같이 화려한 조명에 맞추어 미친 듯이 춤추는 사람들! 강가의 저편에서 그쪽을 바라보면 춤추는 거대한 행렬이 마치 움직이는 화환 같다는 인상을 받기에 충분하다. 파리의 음악축제는 심야에 절정을 이루는데, 각 구역마다 연주되는 곡목이 매우 다채롭다. 오직 철골로만 지었다는 현대식 건물 퐁피두 문화센터가 있는 레알 지역에 가면 주로 실험적이고 현대감각이 넘치는 재즈 음악을 들을 수가 있으며, 우아한 갤러리가 있는 팔레 로와이얄 정원이나 오페라 쪽에 가면 장중한 고전음악이 주 단골메뉴이다. 즉, 구역의 특성에 따라 음악의 장르가 다른 것이다. 그러므로 현대음악을 좋아하는 사람은 가죽점퍼를 편하게 걸치고 늦은 저녁 레알 근처를 어슬렁거려보라. 자기들이 평소에 애지중지하는 소중한 악기들을 들고 나와 혼신을 다해서 음악에 대한 정열을 발산하는 거리의 음악가들을 쉽사리 만날 수가 있을 것이다.

뉴 밀레니엄 2000년에 열린 음악축제의 구호는 유럽연합의 순조로운 출범을 기리는 차원에서, 소위 '국경 없는 음악'이었다. '환희에 바치는 송시'라는 근사한 제목 하에 아테네, 바르셀로나, 베를린, 브뤼셀, 부다페스트, 이스탄불, 리버풀, 룩셈부르크, 나폴리와 로마에서 동시에 음악축제가 거행되었다. 파리에서는 마티뇽 호텔, 즉 수상 관저의 정원에서 파리 오케스트라가 새로이 해석한 베토벤의 작품을 선보였다. 전 세계의 170개국이 동시에 참여했던 이 화려한 음악축제는 '다양한 유럽', '통일된 유럽'을 상징하는 뜻깊은 행사가 되었다.

6월 말에는 '시네마 축제(Fête du Cinéma)'가 열린다. 이때 만일 영화티켓을 한 장 사면(약 6~7유로), 3일 동안 무제한 영화를 관람할 수 있는 패스포트를 받게 된다. 이 행사기간 중에 ─블록버스터 필름에서 고전영화, 실험적인 영화에 이르기까지─ 수백 개의 다양한 필름이 상영된다. 영화광에게는 더할 나위 없이 행복한 축제임에 틀림없다.

7월 중순에서 8월 중순까지는 '여름 지구(Quartier d'été)' 축

제가 열린다. 이 축제는 수도 파리를 모든 의미에서 시화(詩化)하기 위해 음악과 댄스, 거대한 퍼레이드, 산책 콘서트와 재즈 등으로 도시의 오감(五感)을 사로잡는다. 여러 지역에서 행사가 개최되지만, 튈르리 정원과 뤽상부르 궁이나 빌레트 공원의 축제가 하이라이트이다. 국제적인 발레단의 공연이나 톱

2003년 시네마 축제의 포스터.

록밴드의 전문음악에서 그 지역의 아마추어 예술가, 음악가나 연주자의 풋풋한 공연도 함께 감상할 수가 있다.

7월 14일은 혁명 기념일이다. 축제는 생 루이 섬의 전통적인 거리무도와 함께 그 전날 밤부터 시작된다. '소방수 무도회(Bal des Pompiers)'는 13일 저녁 파리에 있는 모든 소방서에서 일제히 거행된다. 예를 들면, 블랑쉬 거리, 포르-로와이얄 불바르(대로), 비유-콜롱비에 거리 등지의 각 소방서에서 DJ와 흥겨운 밴드, 싸구려 알코올(입구에서 5유로)을 동반한 제법 화기애애한 무도회가 개최된다. 게이 무도회는 파리 5구의 투르넬 부두(quai de Tournelle)에서 열린다. 바스티유 광장에서는

콘서트를 동반한 댄스파티가 있다. 그러나 장난기 어린 소년들이 군중들을 향해 던지는 폭죽에 행여 다치지 않도록 주의할 필요가 있다. 7월 14일 축제는 오전 10시 반, 샹젤리제 거리의 힘찬 군대 퍼레이드로부터 시작하여(8~9시경에 미리 가서 대기하고 있는 편이 좋다), 밤 10시 30분이나 11시경의 화려한 불꽃놀이 축제로 대단원의 막을 내린다. 불꽃놀이 축제는 센 강의 어느 다리나 샹드 마르스에서 볼 수 있다. 또한 군중들은 19구나 20구, 특히 벨빌(Belle Ville) 공원에 모여 트로카데로(Trocadéro)의 전경을 멀리서 바라보기도 한다. 불행하게도 온 도시가 발 밑에 밝히는 폭죽과 싸우는 악몽 같은 격투장이 되어버린다. 귀가 시에 가능하다면 메트로(지하철)와 후미진 장소를 피할 필요가 있다.

7월에 열리는 '투르 드 프랑스(Tour de France)'는 세계적인 장거리 자전거 경주대회이며, 마지막 종착지는 파리이다. 이

투르 드 프랑스(Tour de France).

날 콩코드 광장이나 샹젤리제 거리에는 누가 과연 승리의 월계관을 차지하게 되는지를 보기 위해 몰려든 군중들로 인산인해를 이룬다. 7월 말에서 8월 말까지 빌레트 공원에서는 '야외 영화축제(Le Festival de Cinéma en Plein Air)'가 열린다. 가족끼리 또는 연인끼리 풀밭에 앉아서 가장 정선된 훌륭한 영화들을 감상할 수 있다. 제한된 숫자의 라운지 의자가 제공되지만, 많은 사람들이 집에서 각자 피크닉용 담요를 가지고 온다. 영화는 보통 밤 10시경에 시작되지만, 좋은 자리를 차지하기 위해서는 좀 더 일찍 도착할 필요가 있다.

가을(automne)

9월에는 쿠르너브(Courneuve) 공원에서 '위마니테(Humanité)' 축제가 열린다. 이는 프랑스 공산당의 연중행사이다. 공산당 지도급 인사와 전설적인 러시아 볼쇼이 발레단 그리고 급진적인 극단이 등장한다. 대표적인 '가을 축제(Fête d'Automne)'는 9월 말에서 12월 말까지 계속된다. 축제 개최 시의 전위드라마를 시작으로 하여 발레, 시네마, 음악 등이 해마다 다른 테마를 가지고 다채롭게 소개된다.

1972년 퐁피두 대통령의 후원 하에, 미셸 기(Michel Guy)의 주도로 탄생한 이 가을 축제는 현대예술에 바쳐지는 축제이다. 베를린, 암스테르담, 에든버러, 비엔나 등지에서 동시에 개최되는 유럽인들의 가장 중요한 축제 중 하나이다.

한편 가을햇살이 따뜻하게 내리쬐는 몽마르트르 언덕에서는 포도수확(Vendange) 축제가 한창 열린다. 1934년 이래, 몽마르트르 언덕의 유명한 포도원에서 만들어진 포도주가 도착하는 시기, 즉 매년 10월마다 화기애애한 포도의 축제가 열린다. 포도주 동업자, 민속 공연단, 음악가, 그리고 예술가들이 소박한 유대감과 정겨운 축제 분위기의 조화 속에서 군중들과 함께 교감하며 거리를 행진한다.

'체리의 계절(Le Temps de Cerises)' 포스터.

겨울(hiver)

겨울 축제로는 성탄과 새해를 들 수 있다. 성탄절 밤에는 노트르담 성당에서 자정미사가 있다. '고요한 밤, 거룩한 밤'의 미사는 장엄한 행렬과 향으로 장식된다. 자리를 잡으려면 조금 일찍 도착하는 것이 좋다. 그러나 너무 일찍 도착해서 시간이 남으면 성당 부근을 산책하는 것도 좋다. 겨울의 차갑고 투명한 공기가 머릿속을 맑게 정화시켜준다.

프랑스에서는 성탄절보다 크리스마스 이브가 훨씬 중요하

다. 크리스마스 이브에 가족들이 다같이 모여 서로 선물을 교환하고, 달디단 장작 케이크나 초콜릿 케이크 같은 성탄절 음식을 먹는다. 크리스마스 이브가 성큼 다가오는 계절에는 샹젤리제 거리, 즉 콩코드 광장에서 에트왈 광장까지(2.5km) 마치 대낮처럼 환한 축제조명등이 켜진다. 그래서 성탄절의 파리는 살아 있는 거대한 등불처럼 찬연히 빛난다.

성탄절 대목에 갈레리 라파예트나 프랭탕 같은 대형 백화점의 문전성시는 말할 것도 없고, 리용역, 노르역(Gare du Nord), 몽파르나스역, 생 라자르역, 레스트역(Gare de l'Est), 레알(보부르에서 생 유스타쉬 교회까지) 등 파리 곳곳에서 저마다 특색 있는 성탄절의 장이 열린다. 또 파리 시청(Hôtel de Ville) 앞 광장에는 거대한 말구유가 전시된다. 그리고 바로 이때를 맞추어 파리의 레스토랑은 제각기 앞을 다투어 성탄절 특선메뉴를 선보인다.

여기서 백설처럼 눈부신 하얀 '얼음 위의 파리(Paris de la Glace)'를 한번 상상해보는 것은 어떨까? 파리 시는 해마다 겨울이 찾아오면, 파리 시청 광장과 몽파르나스에 무료 스케이트장을 개설한다. 가족끼리, 연인끼리, 또는 친구들끼리 서로서로 다정하게 손을 맞잡고 파리 시청 광장에 특별히 마련된 스케이트장(1200㎡)에서 상큼한 겨울 햇살 아래 한번 싱싱 달려보는 것도 영원히 잊지 못할 아름다운 추억이 될 것이다. 또한 성탄절 방학에 파리 시는 각 구역마다 낭만적인 '노엘(성탄)의 회전목마'를 설치하여 파리 시민들에게 건전한 유흥문화를 선사하고 있다.

그리고 한해를 마감하는 12월 31일 자정, 그리고 1월 1일 0시에는 젊은 펑키족과 수많은 관광객들이 불꽃놀이를 보기 위해 샹젤리제 거리로 모여들어 인산인해를 이루며, 레스토랑에서는 프와그라(거위 간 요리)와 다량의 샴페인이 곁들여진 비싼 정찬 요리로 손님들을 영접한다. 우리는 대개 성탄절을 친구들과 함께 보내고 새해를 가족과 함께 보내지만, 프랑스에서는 정반대로 성탄절이 일년 중 가장 중요한 가족명절이며, 섣달 그믐에는 친구들과 함께 어울려 밤을 지새우고(réveillion) 대망의 새해를 맞이하는 것이 보통이다.

음악의 도시 파리

　‘음악의 도시’하면 흔히 오스트리아의 수도 비엔나를 연상하지만, 예술의 도시 파리 역시 음악과 밀접한 연관성이 있다. 파리의 초기 음악은 12세기경 노틀담 성당의 그레고리우스 성가단으로 거슬러 올라간다.

　또한 13세기 중세 음유시인의 발라드, 르네상스기 조스캥 데 프레(Joequin des Prez: 1440~1521년)의 미사곡, 또한 장-밥티즈 륄리(1632~1687년)의 베르사유 궁정오페라 등을 손꼽을 수가 있다.

　프랑스에서는 처음에 이탈리아의 오페라가 수입되었으나, 그다지 환영을 받지 못하였다. 그러나 17세기 후반에 이탈리아 출신의 거장 륄리가 프랑스 특유의 고전비극이나 발레 등의 요소를 잘 받아들이고, 또 프랑스어의 억양에 맞춘 낭창(朗

唱)을 만들어 궁정의 취미에 맞는 음악비극을 엮어내는 데 성공함으로써 프랑스의 독자적인 오페라가 확립되었다. 뒤이어 발레 등을 더욱 확대한 오페라 발레의 형식을 전개하여 전통적 프랑스 오페라를 더욱 발전시켰다.

이러한 귀족적 음악과는 대조적으로 혁명기에 파리 시민들은 '라마르세예즈' 혁명가를 열창하였고, 이는 1795년에 프랑스 국가(國歌)가 되었다.

19세기 초 중산층의 성장에 따라, '그랑토페라(grand opéra)'와 이보다 약간 단순한 희극적인 음악극 '오페라코미크(opéra comique)'가 다시 크게 유행하였다.8) 그랑토페라는 오페라의 일종으로 영어의 '그랜드 오페라(grand opera)'가 확실한 개념을 갖지 못한 데 반하여, 프랑스어로는 명확한 의미를 갖고 있다.

그랑토페라는 19세기 프랑스의 특징적인 양식으로서, 코믹 오페라와 상대적인 개념을 가지며 그 내용은 엄숙하고 대개 서사시적·역사적 성질의 비극을 주제로 삼고 있다. 또한 합창을 중시하고, 발레의 도입, 독창과 합창이 서로 뒤섞이는 극적인 장면을 설정한다.

19세기 전반 유럽의 오페라 중심시장이 된 곳은 바로 파리이다. 프랑스 오페라는 매혹적인 고음 선율의 아리아, 이국적인 정취, 비극(통상적으로 죽음의 결말)이라는 삼박자가 절묘하게 어우러진 낭만적 서정의 '오페라리리크(opéra lyrique)'에서 그 절정을 이루게 된다. 구노의 「파우스트」(1859년), 생상의 「삼손과 데릴라」(1877년), 비제의 「카르멘」(1875년), 또 「트로

이의 사람들」(1856~1858년)로 독자적인 작풍을 이룩한 베를리오즈의 오페라도 특기할 만하다.

절반은 프랑스인, 절반은 폴란드인이었던 프레데릭 쇼팽(1810~1849)은 불과 7세의 어린 나이부터 작곡을 시작하였으며, 그의 완숙한 후기작품들의 역량은 동시대의 낭만주의 스타일을 훨씬 능가하였다. 그는 파리에서 헝가리인 프란츠 리스트, 오스트리아인 펠릭스 멘델스존 그리고 프랑스인 베를리오즈와 교제하였다.

20세기에 이르러 음악은 새로운 국면을 맞이하게 된다.「목신의 오후」로 유명한 클로드 드뷔시(1862~1918)는 바로크 시대부터 낭만주의 시대까지 오랫동안 지배적이었던 기능화성법에 의한 고전적 조성을 극복하고, 자기 나름의 개성적 음색과 율동구조를 확립, '인상주의 음악'의 길을 열었다. 그는 순수한 작곡가로서 자유롭게 작곡에만 전념하였으며, 인상주의 음악의 시조로서 근대음악에 커다란 영향을 주었다. 프랑스 작곡가 라벨(1875~1937년)은 스페인의 리듬을 사용함으로써, 그의 바스크적 기원을 저버렸다. 1928년 그의 가장 유명한 작품「볼레로」를 초연할 당시였다. 공연 중에 한 여성관객이 "그러나 그는 미쳤다!"라고 크게 소리를 질렀다. 그러자 라벨은 "아, 그녀가 나의 작품을 (제대로) 이해했군요."라고 천연덕스럽게 응수하였다. 스트라빈스키의「봄의 제전」(1913년)이 샹젤리제 극장에서 처음 공연되었을 당시에도 청중들의 야유로 인한 소동이 벌어지기도 했다. 그의 음악이 너무 불협화음

인데다 리드미컬했던 것이 주된 이유였다. 이렇게 근대주의 운동의 반란은 시작되었다.

누보레알리즘의 대표작가인 이브클라인(Yves Klein: 1928~ 1962)은 이미 그가 직접 만들어낸 단조로운 청색 모노크롬 페인팅으로 유명한 작가이다. 1960년에 클라인은 「단조로운 심포니」를 공연하였다. 여기서 세 명의 누드 모델들이 자신의 몸뚱이로 벽에 청색 페인트를 칠하는 동안(나체의 여성의 몸에 물감을 칠해 그 흔적을 찍어내는 인체측정), 예술가는 20분간 한 가지 단조로운 선율만을 계속 연주하는 오케스트라를 지휘한다.

프랑스 작곡가·지휘자인 피에르 블레즈(1925~)는 파리 음악원에서 화성(和聲)법과 대위법, 12음 기법을 배운 뒤, 바로-르노극단의 음악 감독을 지내고, 1954년 극단의 협력으로 파리에서 현대음악연속연주회를 조직하고 그 운영과 지휘를 맡았다. 1955년에 초연한 「임자 없는 망치」로 작곡가로서의 지위를 확보했다. 그의 작풍은 매우 섬세하고 감각적인 서법을 특징으로 한다. 현대음악에 미친 그의 지대한 영향으로 인해, 현재 파리의 퐁피두센터 음악연구소(IRCAM) 소장으로서 활동하고 있다.

그러나 1960년대 파리의 일반 대중들은 난해하고 추상적인 근대음악보다는 담배연기가 자욱한 카바레에서 감상적인 저음으로 노래하는 샤를르 아즈나부르(Charles Aznavour)나 힘있는 가창력을 자랑하는 에디트 피아프, 자크 브렐이나 줄리엣

그레코의 상송에 취한 듯 매료되었다. 현재는 파트리샤 카스 (Patricia Kaas)나 매혹적인 미렌느 파머(Mylène Farmer) 등이 맹 활약하고 있다.

에필로그

이제까지 18세기 이래 열린 '개방도시(ville ouverte)', 세계의 개조를 꿈꾸는 불운한 혁명이론가 칼 마르크스 역시 한때 망명했던 '자유의 도시' 파리의 이모저모를 살펴보았다. 이성의 산실 계몽주의 시대 파리의 찬란한 광휘(rayonnement)는 국경을 넘어, 진정한 유럽의 수도가 되기에 충분한 것이었다. 일련의 프랑스 혁명들과 보편주의적 이상은 프랑스를 '인권의 나라'로 만들었으며, 그 위대한 프랑스 역사의 중심에는 언제나 수도 파리가 있었다. 혁명 이후 또 다시 불어닥친 파란만장한 역사의 회오리바람에도 불구하고, 파리는 수도로서의 고귀한 위상을 잃지 않았고, 21세기까지도 계속 전 세계의 지성인과 예술가들을 자발적으로 불러모으는 세계의 위대한 문화도시가 되었다. 오늘날 파리를 탄생시킨 건축이나 음악, 미술, 철학, 문학, 영화 등 아직도 소개할 문화 아이템들이 산재해 있지만 후일을 기약하며, 부득이 여기서 펜을 놓아야 할 것 같다. 파리의 야경에 매혹되어 친구와 함께 한여름 밤의 산책을 즐겼던 센 강의 부두가 생각난다. 그때를 떠올리며 파리에 가면 반드시 놓쳐서는 안 될 명소 23곳을 정리, 소개하는 것으로 아쉬운 졸고를 마무리할까 한다.

첫 번째로 소개할 곳은 바로 에펠탑이다. 책상에 놓고 보기에 딱 좋은 사이즈의 에펠탑 복제품이 제아무리 많아도, 실제로 가서 보는 것과 비할 수가 있으랴. 에펠탑, 그곳은 정말 꼭 한번 가볼 가치가 있음을 말하고 싶다. 이 우아하고 도도한 철제 레이디(귀부인)를 알현하기 위해 준비해야 할 것은 아무것도 없다. 나른한 오후 에펠탑의 발치에 있는 잔디에 벌렁 드러누워 스트레칭하는 것도 심신의 균형을 위해 좋은 운동이다. 그러나 이러한 여유로운 빈둥거림보다 '크고 아름다운' 에펠탑의 자태를 직접 가서 본다는

에펠탑.

데에 더 큰 의미가 있다 하
겠다.

두 번째는 노틀담 사원이
다. 유명한 곱사등이의 본고
장이며, 기기묘묘한 이무기
석상이 있는 이 중세고딕식
사원은 관광객들의 시선을
끌기에 충분하다. 굳이 신비
로운 전설의 마력에 의해 손
목을 이끌리지 않더라도, 아

노틀담 사원의 이무기 석상.

름다운 스테인드글라스를 보는 것만으로도 마음이 금세 영롱
해진다. 근처 노틀담 사원이 바라다 보이는 카페에 앉아 차를
마시며, 다시 한번 감상에 잠기는 것도 색다른 멋이 있다.

세 번째는 루브르 미술관이다. 옛날에는 국왕들이 살던 저
택이었고, 이제는 살집 좋은 밀로의 「비너스 상」과 함께 「모
나리자」의 영원한 미소가 숨쉬는 장소이다. 일부러 밤에 와서
검푸른 하늘 위로 솟아오르는 분수의 피라미드 야경을 감상하
는 것도 일품이다. 루브르 미술관 측에서도 야경개관 특별행
사를 마련하고 있다.

네 번째는 멋진 고급 화랑과 카페가 즐비한 생 제르맹 데
프레 거리에서의 행복한 산책이다. 다섯 번째, 바와 비스트로,
카페, 고급 부티크 그리고 동성애자가 모두 한 지역에 모여 사
는 마레지역이다. 여섯 번째, 일요일, 개구쟁이 꼬마들이 호수

센 강의 전경.

위에 모형 배를 띄우는 평화로운 일상의 뤽상부르 공원이다. 튤립이나 수선화를 심은 정원 가장자리에 놓인 야외 벤치에 앉아서 한가로이 책을 읽거나, 그냥 마음 편하게 햇볕과 신선한 미풍을 즐기는 것도 좋다. 일곱 번째, 옛 기차역을 개조한 아름다운 건축학의 정수 오르세 박물관이다. 이곳은 인상주의파의 걸작품들을 소장하고 있다. 여덟 번째, 센 강변이다. 밤에 유람선(bateau-mouche)을 타도 좋고, 낮에는 와인과 바게트를 양손에 들고 가볍게 피크닉 삼아 활보하는 것도 괜찮다. 수영은 특별한 경우, 오직 당국의 허가를 받은 파리 시민만 가능하다. 관광객들은 부두나 센 강의 매력을 한층 돋보이게 해주는 다리에만 머물러야 한다. 미라보 다리를 찾아가 흐르는 강물을 쳐다보며 아폴리네르의 시를 한 구절 읊는 것은 어떨까?

미라보 다리 아래 센 강은 흐르고 우리네 사랑도 흘러내린다. 내 마음 속에 깊이 아로새기리라, 기쁨은 언제나 괴로움에 이어옴을. 밤이여 오라 종이여 울려라. 세월은 흐르고

나는 남는다.

아폴리네르, 「미라보 다리」 중에서

아홉 번째, 가르니에 오페라 가극장이다. 19세기 파리 시민의 발자취와 소문 속에 떠도는 오페라 유령을 떠올리며, 정선된 오페라 한 편을 밀도 있게 감상하는 것은 일종의 문화축복이다. 오페라 공연 중 막간에 화려한 복장을 한 관객들이 주변의 카페에 나와서 담소를 나누는 장면도 행인들에게는 매우 인상적이다. 오페라 가극장 근처에는 카페 드 라 페(café de la paix), 즉 '평화다방'이 유명하다. 특히 일본관광객들이 잘 찾는 카페 중 하나이다.

열 번째, 짐 모리슨, 오스카 와일드, 파워풀한 가창력의 샹송가수 에디트 피아프 등이 고이 잠들어 있는 페르 라셰즈 묘지이다. 열한 번째, 그냥 걷기만 해도 마음이 가볍고 상쾌해지는 샹젤리제 거리이다. 열두 번째, 숨막힐 정도로 절묘하고 웅대한 조각품과 멋진 정원이 인상적인 로댕 미술관(비롱 저택)이다. 파리 시민들은 별로 주저하는 기색 없이, 이 미술관을 파리에서 가장 훌륭한 박물관으로 손꼽는다.

열세 번째, 개선문이다. 에트왈 광장의 혼잡한 교통과 씨름할 것 없이, 곧장 지하로 내려가서 무명용사의 무덤을 방문하는 것이 좋다. 계단이나 엘리베이터를 통해 위의 전망대로 올라갈 수도 있다. 이곳에 오르면 콩코드 광장이나 루브르 궁을 볼 수 있고, 반대편으로 라데팡스의 교호가 일직선상에 보인다.

열네 번째, 라틴 지구의 보고 중 하나인 무프타르 거리다. 생기와 활력으로 가득 찬 이 부산한 거리는 창조적인 부티크와 친밀한 분위기의 바, 신선한 청과물을 파는 시장이 있으며 무엇보다 혼자서 이리저리 돌아다녀도 결코 외롭지 않은 곳이다.

열다섯 번째는 예술가들의 아지트 몽마르트르 언덕이다. 사크레 쾨르 성당의 순백색이 자아내는 신성함의 극치 그리고 그 위에 펼쳐지는 파리의 전경을 한눈에 바라보는 것만으로도 땀 흘리며 오를 가치가 충분하다. 열여섯 번째, 생투앙(St. Ouen)의 벼룩시장이다. 의복과 골동품, 가정용품, 자동차부속품, 심지어 부엌 싱크대 등 온갖 잡동사니가 모인 가운데 유독 나만의 보물을 건지는 것도 쏠쏠한 즐거움이 있다.

열일곱 번째, 파리의 카타콤(지하묘소)을 들 수 있다. 자크 쿠스토(Jacques Cousteau)처럼 지하로 다이빙하여, 파리의 숨겨진 비밀을 파헤쳐 보는 것도 스릴 있는 모험이 될 것이다. 열여덟 번째, 17세기 스타일의 붉은 벽돌 아케이드로 빙 둘러

파리의 카타콤.

싸인 보주 광장이다. 이곳에서 일요일 오후의 태양 아래 한가로이 독서를 즐기는 것도 권장할 만하다. 열아홉 번째는 현대 건축의 표본 퐁피두 문화센터다. 밖에서는 수많은 인파와 개와 비둘기 그리고 오밀조밀한 참새 떼들이 종종거리며 몰려다니고, 또 뒤편에는 주둥이가 뒤틀린 분수에서 물줄기가 신나게 뿜어져 나오고, 안에는 현대예술이 전시되어 있다. 밖의 군중들의 소요나 길거리 공연, 떠들썩한 축제분위기와는 아랑곳없이 전시장은 이상하리만큼 조용하기만 하다. 정적 속에서, 가끔 관람객들의 소곤대는 말씨가 들린다. 파리에서 유일하게 일요일에도 여는 퐁피두 도서관에 들어가기 위해, 정문 입구에 줄을 선 사람들의 기나긴 행렬도 보인다. 그리고 파리의 정경을 한눈에 보기 위해, 또는 옥상에 있는 커피숍에 들르기 위해 에스컬레이터를 타고 하늘을 향해 분주하게 올라가는 사람들의 모습도 끊이지 않는다.

스무 번째, 국가적 인물들의 유해를 모신 돔 형식의 판테온 신전이다. 신전의 좌측에 있는 생트 주느비에브 도서관을 방문하는 것도 잊지 말자. 스물한 번째, 파리의 고층빌딩 집합소인 신도시 라

판테온 신전.

아랍세계연구소..

데팡스이다. 옛날 파리의 모습과 지금의 파리를 한눈에 비교해볼 수 있다. 스물두 번째, 아랍세계연구소이다. 중동예술과 영화 페스티벌, 사치스런 옥상 테라스를 감상할 수가 있으며, 근처에 회교 사원이 있다. 그리고 마지막으로 17세기의 정서를 고스란히 간직한 생 루이 섬이다.

비스트로와 식도락 상점뿐만 아니라 베르티옹 가게의 사르르 녹는 아이스크림을 한 손에 들고 먹으면서 돌아다니는 행인들을 볼 수 있다. 센 강 위에 둥둥 떠 있는 작은 섬이 보여주는 이 같은 정취는 여행자의 마음에 또 하나의 파리의 모습으로 아로새겨질 것이다.

주

1) 비스트로(bistrot)는 작은 바, 레스토랑, 나이트 클럽 따위를 지칭한다.

2) 왕이 너무 연소한 관계로 루이 14세는 유언 속에서 오를레앙 공에게는 섭정평의회의 명예의장직을 주고, 권력은 멘 공에게 넘겨주었다. 그러나 오를레앙 공은 이 유언서를 파리고등법원으로 하여금 파기하게 하고 섭정의 자리에 앉았다. 그의 치세는 루이 14세 통치기에 대한 반동을 의미하는 것으로, 귀족을 정치에 참가시키는 한편 영국인 존 로의 등용을 통해 재정의 호전을 꾀하려고 하였으나 정치는 부패하였다.

3) 귀족의 반바지를 입지 않은 근로자·민중계층을 가리킴.

4) 871년 3월 28일부터 5월 28일 사이에 파리 시민과 노동자들의 봉기에 의해서 수립된 혁명적 자치정부.

5) 이 사건은 반유대주의·반독일의 우익진영과 반군국주의·공화제·인권옹호의 좌익진영과의 사이에 뿌리깊은 대립을 나타내고, 두 진영의 유명한 문학자도 모두 말려들어 제3공화제와 프랑스 근대사에 영향을 끼쳤다. 1995년 9월 프랑스군은 100년 만에 드레퓌스가 무죄임을 공식으로 인정하였다.

6) 프랑스의 소설가·사상가. 파리 출생이며 소르본 대학을 졸업하였다. 1929년에 철학교수의 자격을 얻었고, 그때부터 사귄 사르트르의 영향을 받아 실존주의 철학을 익혔으며, 이를 자신의 사상과 행동의 기조로 삼았다. 교사생활을 몇 년 계속한 다음 작가생활에 들어갔으며, 특히 개성적인 여성론인 『제2의 성(性)』(2권, 1949)은 큰 반향을 불러일으켰다. 사르트르의 경우처럼, 보부아르의 집요한 논리 추구는 그녀의 사상이 일관되게 보여주는 강점이며, 사상과 행동의 일치를 위한 끊임없는 노력 역시 그녀의 문학활동의 정신적 지주가 되었다.

7) 파리코뮌은 1871년 3월 28일부터 5월 28일 사이에 파리 시민과 노동자들의 봉기에 의해서 수립된 혁명적 자치정부를 가리킨다.

8) 유럽 전통의 오페라 가운데 희극적 내용을 갖는 것으로, 나라마다 명칭이 다르다. 이탈리아의 오페라 부파, 프랑스의

오페라 코믹·보드빌, 스페인의 사르수엘라, 영국의 발라드오
페라, 미국의 뮤지컬코미디 등이 코믹 오페라에 속한다. 이
들 희가극은 음악과 음악 사이에 삽입되는 대사를 통해 이야
기가 전개되며, 대부분 예리한 풍자와 서민적인 내용으로 되
어 있다.

파리 혁명과 예술의 도시

초판발행 2004년 6월 30일 | 3쇄발행 2009년 8월 1일
지은이 김복래
펴낸이 심만수 | 펴낸곳 (주)살림출판사
출판등록 1989년 11월 1일 제9-210호

주소 413-756 경기도 파주시 교하읍 문발리 파주출판도시 522-2
전화번호 영업·(031)955-1350   기획편집·(031)955-1357
팩스 (031)955-1355
이메일 book@sallimbooks.com
홈페이지 http://www.sallimbooks.com

ISBN 89-522-0252-X 04080
       89-522-0096-9 04080 (세트)

값 3,300원